कोई तो जगह हो

[कविता संग्रह]

कोई तो जगह हो

अरुण देव

राजकमल प्रकाशन
नयी दिल्ली पटना इलाहाबाद

ISBN : 978-81-267-2420-8

मूल्य : ₹ 250

पहला संस्करण : 2013

प्रकाशक : राजकमल प्रकाशन प्रा.लि.
1-बी, नेताजी सुभाष मार्ग, दरियागंज
नई दिल्ली-110 002

शाखाएँ : अशोक राजपथ, सांइस कॉलेज के सामने, पटना-800 006
पहली मंजिल, दरबारी बिल्डिंग, महात्मा गांधी मार्ग, इलाहाबाद-211 001

वेबसाइट : www.rajkamalprakashan.com
ई-मेल : info@rajkamalprakashan.com

आवरण : देवप्रकाश चौधरी

मुद्रक : बी.के. ऑफसेट
नवीन शाहदरा, दिल्ली-110 032

KOI TO JAGAH HO
Poems by Arun Dev

अम्मा के लिए

अनुक्रम

कोई तो जगह हो

लय का भीगा कंठ

कह रहा था मैं कुछ
ठीक उसी तरह जैसे बाँसुरी के इक छोर पर कहती है हवा
और जो देर तक गूँजता रहता है
मन की बावड़ी में
जिसकी सीढ़ी पर बैठे-बैठे
भीग जाती हैं आँखें

यह किसका रुदन है
कौन सी भाषा में हिचकियाँ बुदबुदाती हैं अपने पश्चाताप

न जाने क्या कहा हवा ने
और क्या तो सुना बाँस के उस खोखले टुकड़े ने
जहाँ कब से बैठा था वह सघन दुःख

जो इस धरती का है
किसी दरवेश, फकीर, संत का है
कि प्रेमरत जोड़ों के सामूहिक वध पर
विलाप करते उस क्रौंच का है
जो रो रहा है तबसे
जब अर्थ तक पहुँचने के लिए
शब्दों के पुल तक न थे

और तभी से भीगा है
लय का कंठ

और जिसे कहने की कोशिश में रुँध जाता है मेरा गला।

लालटेन

अभी भी वह बची है
इसी धरती पर

अँधेरे के पास विनम्र बैठी
बतिया रही हो धीरे-धीरे

संयम की आग में जैसे कोई युवा भिक्षुणी

काँच के पीछे उसकी लौ मुस्काती
बाहर हँसता रहता उसका प्रकाश
जरूरत भर की नैतिकता से बँधा

ओस की बूँदों में जैसे चमक रहा हो
नक्षत्रों से झरता आलोक

अक्सर अँधेरे को अँधेरे के बाहर कहा गया
अँधेरे का सम्मान कोई लालटेन से सीखे
अगर मंद न कर दिया जाए उसे थोड़ी देर में
वह ढक लेती खुद को अपनी ही राख से

सिर्फ चाहने भर से वह रोशन न होती
थोड़ी तैयारी है उसकी

शाम से ही सँवरती
भौंहें तराशी जातीं
धुल-पुँछकर साफ होना होता है
कि तन में मन भी चमके

और जब तक दोनों में एका न हो
उजाला हँसता नहीं
कुछ घुटता है और चिनक जाता है कहीं
भभक कर बुझ जाती है लौ

वह अलंकार नहीं थी कभी भी
न अहंकार, न ऐंठ, न अति
कि चुकानी पड़े कीमत और फिर जाए मति

उसे तो रहना ही है।

ढोल

उस दिन
शाम ढलने को थी
कि कहीं से आने लगी थापों की आवाज
कई दिनों से ढोल कुछ कह रहा था
थप-थप में रुँधा गला
शोर में उसकी पुकार अनसुनी रह जाती

इस लकदक समय में
जहाँ बिक रहा है अध्यात्म और
हर खुशी के पीछे दिख जाता है कोई प्रायोजक
ढोल न जाने कब से
शोर के चुप हो जाने की राह देख रहा था
पर शोर था कि अनेक रूपों में
विचित्र ध्वनियों के साथ बढ़ता ही जाता

आज जरा सी दरार दिखी थी
वहीं से झर रहा था प्रकाश की तरह
मनुष्य की खुशी का आदिम उद्घोष
अपनी थापों में लिखता हुआ मांगलिक संदेश
जिसे लेकर हवाएँ पहुँच जाती हैं घर-घर

और देखते ही देखते

धरती के नए आए मेहमान की किलकारी के साथ
जुट जाते हैं कंठ
अब ढोल और उसका विनोद
हर थाप पर और ऊँचा होता जाता नाद
सुरीला होता जाता कंठ

ढोल दुभाषिया है
किसी शाम जब जुटती हैं परित्यक्त स्त्रियाँ
वह करता अनुवाद उनके दुःख का
अपने छंद में

उसे याद है पंद्रहवीं शताब्दी की वह कोई रात
जब हाथ में लुकाठी लिए कबीर जैसा कोई
खड़ा हो गया था बाजार में
मशाल की रोशनी में चमकते उस जुलूस से आ रही थी
पुकारती हुई आवाज

क्या करे ढोल अपनी उस आवाज का।

शास्त्रार्थ

लाओत्सु के दरवाजे पर

कृतज्ञता से भरे हुए कन्फूशियस की पदचापें थीं
लाओत्सु को यह सुगंध दूर से ही मिलने लगी थी

कहा जाता है लाओत्सु अस्सी वर्ष का गूढ़ अनुभव
और सम्मोहक करुणा लेकर पैदा हुए थे
तो कन्फूशियस ने सीधे चलते हुए
पा ली थी सहजता
यह ईसा के 600 वर्ष पूर्व की पृथ्वी थी
जब किसी दार्शनिक से मिलने
उतना ही महान दार्शनिक चला आता था

शाम घिर आई थी
दोनों बैठे रहे एक दूसरे के सम्मुख
बाहर हरी दूब पर हँस रहा था चंद्रमा
अंदर दीये की लौ में निर्वाण की शीतलता थी

इस शास्त्रार्थ में शब्दों के जाल नहीं थे
जिसमें अक्सर फँस जाता था सत्य
न विजय की इच्छा थी
न पराजय का डर

सत्य की समझ का कोई अकेला भाष्य भी
किसी के पास नहीं था
एक विनम्र मौन से भर गया था वह कक्ष
जहाँ वे बैठे रहे
ऐसे ही देर रात तक नि:शब्द

सत्य झर रहा था
पतझर में जैसे पीले पत्ते बेआवाज।

सिरहाने मीर के

लाल किले के परकोटे
और जामा मस्जिद की सीढ़ियों से दूर
महबूब के दीवार के साए तले
टुक रोते-रोते सो गया है मीर
टूटे दिल और खुले चेहरे वाला वह शायर

जिसकी आवाज अब भी भग्न महलों में गूँजती रहती है
जिसमें हिंदुस्तान की दूर तक पसरी धरती का ताँबाई रंग है
जहाँ गौरैया फुदकती है
मोर नाचते हैं
और आम रस से भरकर टपक जाते हैं

यह वही सूफी है जिसके विरह के ताप से टूटकर गिर पड़ी थी कभी पूरी की पूरी शताब्दी
इतिहास के बाहर जिसका मलबा आज भी पसरा है
जहाँ से रह-रह दुर्रानियों के लश्कर के लौटते घोड़ों के टापों की आवाजें आती हैं
उजाड़ बस्तियों में दरवेश की तरह भटकती रहती है कोई पुकार

हर ईंट की जबान पर दुःख भरा एक किस्सा है
क्या पता...
समय का, सल्तनत का कि खुद शायर का

कसका खींचे उसे कितनी ही बार देवालय में देखा गया था
काबे और कैलास का रास्ता
तब इतना जुदा नहीं दिखता
अगर कोई दिल के रास्ते चले
काबे का रास्ता कैलास से जा मिलता था

उसके शेरों ने अपनी नाजुक अँगुलियों से जो सवाल उठाए
उसकी चोट से निरुत्तर हो जाते थे कई बार शेख ओ ब्राह्मन

जिस कवि के लिए पेड़ के साए का बोझ भी कई बार असह्य हो जाता
उसकी जबान ने अपने लिए ऐसे शब्द चुने जो अब्र की तरह
अर्थ की बंजर धरती पर बरस जाते थे
वह भाषा जो सिंधु को पार करके खुद एक नदी थी

उस भाषा को भी क्या इल्म
कि कभी उसके भी दो हिस्से होंगे

अल्फाज कहीं
मायने कहीं और।

जफर

उस कंधे पर अतीत का वैभव था
अब वह एक बोझ था
झुक गए थे कंधे
विरासत की महानता भारी होती है

ढहते सल्तनत के बेरंग तख्त पर बैठ
जफर लिखने लगा था कविता
वह फकीराना बादशाह क्या करता शासन के उस गद्य का

उसकी कविता निर्मल बहती प्रेम और करुणा के बीच
जिस पर कभी-कभी उतर आते तसव्वुफ के श्वेत हंस

कविता के बाहर कड़ी धूप थी
चमक रहा था पश्चिम का सूर्य
बिगड़ने लगा था दिल्ली का रंगो-रूप
क्या करते जौक, क्या हो सकता था गालिब से

उस आँच की तपिश से सुलगने लगी थी दिल्ली
वह आग जो
उठ रही थी मेरठ, लखनऊ, झाँसी, कानपुर, बरेली, जगदीशपुर से

शहंशाह-ए-हिंदुस्तान
लाल किले के बाहर खड़ा था वसंत की अगवानी में

इस दुखांत महाकाव्य के अंतिम सर्ग में खड़ा वह
कितना बादशाह था कितना कवि कहना मुश्किल है

खिजा के बाद चमन में गर्दो-गुबार था
यार की गली से दूर
इंतजार और आरजू में कट रही थी उसकी उम्र
थी तो अब शायरी थी
नूर की तरह चमकती हुई
उसके ही कुए-यार में।

कुफ्र

मैं प्रेम करना चाहता था ईश्वर से
बिना डरे बिना झुके
पर इसका कोई वैध तरीका स्थापित ग्रंथों में नहीं था

वहाँ भक्ति के दिशा-निर्देश थे
लगभग दास्य जैसे
जिन पर रहती है मालिक की नजर

मेरे अन्दर का खालीपन मुझे उकसाता
उसकी महिमा का आकर्षण मुझे खींचता
जब-तब घिरता अँधेरे में उसकी याद आती आदतन
मैं समर्पित होना चाहता था
अपने को मिटाकर एकाकार हो जाना चाहता था
पर यह तो अपने को सौंप देना था किसी धर्माधिकारी के हाथों में

मैंने कुछ अवतारों पर श्रद्धा रखनी चाही
कृष्ण मुझे आकर्षित करते थे
उनमें कुशल राजनीतिज्ञ और आदर्श प्रेमी का अद्‌भुत मेल था
पर जब भी मैं सोचता
भीम द्वारा दुर्योधन के टाँग चीरने का वह दृश्य मुझे दिखता
पार्श्व में मंद-मंद मुस्करा रहे होते कृष्ण
मुझे यह क्रूर और कपटपूर्ण लगता था

उस अकेले निराकार तक पहुँचने का रास्ता
किसी पैगम्बर से होकर जाता था जिसकी कोई-न-कोई किताब थी
यह ईश्वर के गुप्त छापेखाने से निकली थी
जो अक्सर दयालु और सर्वशक्तिमान बताया जाता था
और जिसके पहले संस्करण की सिर्फ पहली प्रति मिलती थी
इसका कभी कोई संशोधित संस्करण नहीं निकलना था
शायद ईश्वर के पास कुछ कहने के लिए रह नहीं गया था
या उसकी आवाज लोगों ने सुननी बंद कर दी थी

उससे डरा जा सकता था या डरे-डरे समर्पित हुआ जा सकता था

अप्सराओं से भरे उस स्वर्ग के बारे में जब भी सोचता
मुझे दीखते धर्म-युद्धों में गिरते हुए शव
हिंसा और अन्याय के इस विशाल साम्राज्य में
जैसे वह एक आदिम लत हो

मठ और महंतों से परे
उस ईश्वर से प्रेम करने का क्या कोई रास्ता है
और क्या उसकी जरूरत भी है

अपने श्रम के अतिरिक्त क्या चाहिए मुझे?

सरयू में काँप रही थी अयोध्या की परछाईं

अयोध्या के पास फैज से आबाद इस नगर की एक गली में
तब रहती थीं कुछ खुदमुख्तार औरतें
अदब और तहजीब की किसी पुरानी दरी पर बैठीं
स्त्री-पुरुष के आकर्षण के फीके उत्सव में मटमैली होती हुईं
रोज-ब-रोज

उस गली पर और उन जैसी तमाम गलियों पर
जो हर नगर में सितारों की तरह सजती थीं
और चमकती थीं ख्वाबों में कभी
बीसवीं शताब्दी का कुहासा कुछ इस तरह उतरा
कि टूटकर बिखर गए उमराव जान के घुँघरू
बुझ चले कजरी, ठुमरी दादरा के रोशन चराग
जहाँ से अब रह-रह आती
बेगम अख्तर की उदास कर देने वाली आवाज

यह वह समय था जब
दिग्विजय के लिए निकले रथ के उड़ते धूल से
ढक गए थे राम
दसों दिशाओं से रह-रह उठता विषम हूह
और बाजार के लिए सब कुछ हो गया था कारोबार

बाजार के रास्ते में आ रही थी यह गली

दोपहर की चिलचिलाती धूप में
उस दिन कुछ लोग आ खड़े हुए
सरयू में काँप रही थी अयोध्या की परछाईं
हिल रही थीं सारी पुरानी इमारतें

बेनूर खिड़कियों पर लटके उदास परदों के पीछे
सिर जोड़े खड़ी थीं स्त्रियाँ
अवाँछित, अपमानित और असहाय

ये स्त्रियाँ अपनी-अपनी मिथिला में
कभी देखती थीं अपने राम के सपने
किसी विद्यापति ने इनके लिए भी लिखी थीं पदावलियाँ
जिसे जब-तब ये आज भी गुनगुनाने बैठ जाती हैं

उन्हें खदेड़ने के लिए देखते-देखते निकल आए बनैले सींग
छुपे दाँत और पुराने नाखून

उन पर गिरने लगे अपशब्द के पत्थर
हालाँकि उनका होना ही अब एक गाली थी
गुम चोट के तो कितने निशान थे वहाँ

जयघोष में कौन सुनता यह आर्तनाद
शोर में यह चीख

यह अलग तरह की क्रूरता थी
देह से तो वे कब की बेदखल थीं
उन्हें तो दिशाएँ तक न पहचानती थीं

रात के परिश्रम से श्रीहीन श्लथ देह की झुकी आत्माएँ
रह-रह देखतीं अयोध्या की ओर

वे तमतमाए चेहरे
रात की पीली रोशनी में कितनी चाह से देखते थे उन्हें

इन्ही स्त्रियों ने न जाने कितनी बार
मुक्त किया था उन्हें उनकी ही अंधी वासना से

अब यह स्त्री-पुरुष का आदिम खेल न रहा
कि स्त्री अपने आकर्षण से संतुलित कर ले पुरुष की शक्ति

बगल में बह रही सरयू ने देखा
सदियों बाद फिर एक वनवास

इनके जनक थे
बदकिस्मती से रावण भी थे सबके

पर इनके लिए कोई युद्ध नहीं लड़ा गया

राज-नीति के बाहर अगर कहीं होते राम तो क्या करते।

किताबें

कुछ किताबें अँधेरे में चमकती हैं रास्ता देती हुई
तो कुछ कड़ी धूप में कर देती हैं छाँह

कुछ एकांत की उदासी को भर देती हैं
दोस्ती की उजास से

तो कुछ जगा देती हैं आँख खुली नींद से
जिसमें नहीं सुनाई पड़ता अपना ही रुदन

कुछ शोभा होती हैं ड्राइंग रूम की
हर कोई एक नजर उन्हें देखता है
ऊपर-ही-ऊपर
पर मौन रह जाता है उनका अन्तर्मन

कुछ नीरस होती हैं सूचनाओं सें भरी हुईं
जो न हँसती हैं न मुस्काती हैं
बस यों ही खड़ी रहती हैं चुपचाप

हँसती हुई किताबों का लेखक
जरूरी नहीं है कि हमेशा खिलखिलाता हो
अक्सर गम्भीर लोगों ने गहरे व्यंग्य किए हैं
ऐसी किताबें पकड़ लेती हैं बीच रस्ते में ही

और मुश्किल से गला छोड़ती हैं

गमगीन कर देने वाली किताबों का तो अजब हाल है
उसके पाठक तो बस उसी की तलाश में रहते हैं
डूब जाते हैं दुःख की नदी में
जैसे वह उनकी ही आँख का पानी हो

कुछ तो इतनी सजी-सँवरी होती हैं कि बस ललचा जाता है जी
पर पुस्तक पकी आँखों से जब गुजरना होता है
शर्मिंदा होकर छुपा लेती हैं अपने पन्ने

कुछ किताबें गुजार देती हैं अपनी जिन्दगी
कुतुबखाने के किसी अँधेरे में
उन तक पहुँचता है कभी-कभी कोई अन्वेषी
थक-हारकर खोजते हुए उसी को जैसे

कुछ की कलई एक बार पढ़ते ही उतर जाती है
कुछ को बार-बार पढ़ो तो भी छूट जाता है बहुत कुछ

कुछ किताबें काल को जीत लेती हैं
जन्म लेती रहती हैं उनसे नई किताबें

कुछ किताबें अकाल होती हैं
कब गईं पता भी नहीं चलता

कुछ विनम्रता से खुलती हैं और देर तक पढ़ी जाती हैं
कुछ घमंड से ऐठी रहती हैं
कि घुटने लगता है दम

किताबों में कुछ लोग भर देते हैं जहर

काले पड़ जाते हैं उनके पन्ने
डरावनी हो जाती है अक्षरों की शक्ल

ऐसी किताबें चाहती हैं बन्द रहना
कोई कभी पढ़ लेता है इन्हें
नीली पड़ जाती है उसकी आत्मा

कुछ किताबों में आ बैठती हैं तितलियाँ
परागकण की तरह महकते अक्षरों पर
पर अन्त तक पहुँचते-पहुँचते सूख जाती है सुगंध
पन्नों में दबी मिलती हैं वही तितलियाँ

वे किताबें बहुत बदनसीब होती हैं
जिन्हें लोग बस रट लेते हैं
किताबें नहीं चाहतीं कि उन्हें माना जाए अंतिम सत्य
अपने हाशिए पर लिखी टिप्पणियाँ उन्हें अच्छी लगती हैं

वे नहीं चाहतीं बस अगला संस्करण
वे तो चाहती हैं संवर्धित, संशोधित, संस्करण।

रक्तबीज

जैसे कोई अभिशप्त मंत्र जुड़ गया हो मेरे नाभि-नाल से
हर पल अभिषेक करता हुआ मेरी आत्मा का
मेरी हर कोशिका से प्रतिध्वनित है उसका ही नाद
उसकी थरथराहट की लपट से जल रही हैं मेरी आँखें

इस धरा के सारे फल मेरे लिए
काट लूँ धरती की सारी लकड़ी
निकाल लूँ एक ही बार में सारा कोयला
और भर दूँ धुएँ से दसों दिशाओं को

मेरी थाली भरी है
कहीं टहनी पर लटके किसी घोंसले के अजन्मे शिशु के स्वाद से
अब चुभता नहीं किसी लुप्तप्राय मछली का कोई काँटा
मेरे समय को

मेरी इच्छा के जहरीले नागों की फुत्कार से
नीला पड़ गया है आकाश
जहाँ दम तोड़कर गिरती है
पक्षियों की कोई-न-कोई प्रजाति रोज

गुनगुनाता हूँ मोहक क्रूरता के छंद
झूमता हूँ निर्मम सौंदर्य के सामूहिक नृत्य में

भर दी है मैंने सभ्यता की वह नदी शोर और चमक से
जो कभी नदी की ही तरह निर्मल थी
अब तो वहाँ भाषा का फूला हुआ शव है
किसी संस्कृति के बासी फूल

नामालूम आवाज में रो रहा है कोई वाद्ययंत्र

मेरे रक्तबीज हर जगह एक जैसे
एक ही तरह बोलते हुए
खाते और गाते और एक ही तरह सोचते हुए

देखो उनकी आँखों में देखो मेरा अमरत्व।

मित्र दरवाजा

गली का वह मुस्काता दरवाजा
आज खुला मेरे आँगन में
तन का बदरंग चेहरा खिल-खिल गया
महक महक सी गई हवा
एक गौरैया बेखटके, बिनआहट
आई मेरे सिरहाने

न मैं निकलूँ
न निकलने दे

उसकी नींद में खोया
भटकता उसके ख्वाबों में
दर-ब-दर मैं।

तुम अब

तुम्हारे साथ कोई तुम सा याद आता है
तुम्हारी हँसी में वही परिचित से फूल

प्रारम्भ से ही अंत की आहट
तुम्हारी खुशी में उस खुशी के मुरझाए हुए दुःख

इस अपनेपन में मुझे दिखती है
बेगानेपन की वह पगडंडी
दलदल के ऊपर कुहरे से ढकी हुई

इस प्रेम में
प्रेम के ध्वंस की उदासियाँ

पार करता हूँ वह नदी, वही नदी
तट का बालू हमारे बीच
उसके नाम से बुला बैठता हूँ तुम्हें

इस प्रेम में उस प्रेम की शुरुआत।

कोई तो जगह हो

कहाँ हो तुम
मन के घने वन में पुकारता हूँ
यह पुकार जो अनंत कामनाओं का अक्षत जंगल है

एक कामना अपने को खो देने की

सुन रही हो
इस आवाज के एक सिरे पर तुम अब भी चुप हो अपने अरण्य में गुम

हम दोनों के बीच
हम दोनों के लिए कोई तो जगह होगी।

विस्मरण

कब तक चमकती रहेगी मेरी स्मृति की वह पगडंडी

जहाँ से तुम चली गईं कुहरे में
जहाँ से मैं लौट आया अँधेरे में

कितनी लम्बी है तुम्हारी यादों की उम्र
कि कोई पत्ता टूटकर गिरे और काँप न जाएँ तुम्हारी आँखें
और न निकालने लगूँ मैं अपनी आँख से तिनका

कि कोई एक वाक्य तुम्हारे बिना
अपने अर्थ तक पहुँच जाए
कि जब कहूँ आज अच्छा नहीं लग रहा
तो सिर्फ इसका इतना ही मतलब हो

क्या कभी उलझते हैं मेरी यादों के धागे
तुम्हारी सलाइयों में भी

विस्मरण की धूल से कभी ढक जाऊँगा मैं
ढक जाओगी तुम

क्या मद्धिम पड़ जाएगा वह सुर
जिसमें कभी साझा थे हमारे कंठ

वो चिन्हित किए गए, गद्य-पद्य
क्या खो देंगे अपना अर्थ
तुम्हारे सुनाए लतीफों की वह हँसी
क्या बुझ जाएगी

चाय की भरी प्याली लिए खड़ा हूँ मैं तबसे
उठ रही अब भी उससे भाप।

उसका आना

वह मिलने कैसे आती
बारिश हो रही थी
कीचड़ फैला था
घर और बाहर के कीचड़ में
कब से धँसी थी वह

बहुत दिनों से उमड़-घुमड़ रहे थे बादल
रात-भर बरसा था मेघ
रात-भर भीगता रहा उसका मन

भीगकर फैल गई थी स्याही उस इबारत की
जो खनकती थी जंजीरों की तरह
रात का पैरहन स्याह और भारी हो गया था

चौखट के उस पार गिरी थी बिजली
शायद उस पर

गहरी नदी
उफनता पानी
उस पार मुंतजिर वह भीगता हुआ उसकी चाह में

वह डरती है अपने कदमों के निशान से
निशान तो निशान हैं

बार बार उभर आते हैं
हर गली, हर नगर में
समय-कुसमय

इन पैरों पर पैर रखती चली आती हैं क्रूरताएँ अपनों की।

मेरी नाव

तुम्हारे तट पर कागज की मेरी नाव आ लगी है
इस पर पानी के निशान हैं, हवा की चोटें
लहरों के शोर से छिल गई है इसकी त्वचा

उस सुबह जब हवा पराग से भीगी थी
उस रात मेरा चेहरा भीगता रहा ओस से
नक्षत्रों से गिरती उस उजली धूल से मैंने तुम्हें लिखा एक पत्र
जो तुम तक पहुँचने के लिए बदल गया नाव में

हमें जोड़ने वाला यह जल ही तो था
जिस पर पड़ती थीं हमारी परछाइयाँ

कितने बसंत इस पर फूल गिराकर चले गए
हर बार खिली हुई गुनगुनी धूप का शरद आया
कई ऋतुओं तक बारिश ही नहीं हटी इससे

विस्मृति के भँवर में अधडूबा
पार किए इसने कल्प

अब तो पत्र की इबारत से बुझ चले हैं शब्द भी
शब्द जो खारे दरिया बीच जुगनुओं की तरह तुम्हें बुलाते रहे
और अपने अर्थ के बचे रहने तक टिमटिमाते रहे

क्या तुम इस नाव में बैठ सकोगी।

काश

काश मैं हवा होता
बरसों अदृश्य रह तुम्हारे साथ रहता...
तुमसे लिपटा हुआ हमेशा...
तुम्हारी उदप्त साँसों में

काश मैं जल होता तुम्हारे मनघर में रहता
कभी न निकलता आँसू बनकर

मैं गंध होता
भटका करता तुम्हारे केशों के घने वन में
उन्हें और मादक बनाता हुआ

बसंत बनकर ठहर जाता
चमकता तुम्हारे तन पर किसलय की तरह

अगर मैं चाँद होता
रोशनी के सहारे उतर आता हर रात तुम्हारे पास
तुम्हारे चेहरे की आभा में धीरे-धीरे घुलता हुआ...
और कभी न होती अमावस

मुझे तारा होना चाहिए... असंख्य
तुम्हें निहारता हुआ अपनी हजार आँखों से

कम से कम मुझे एक अमरूद ही हो जाने दो

कि तुम जब उसे खाओ तो पाओ
मीठा और स्वादिष्ट

और मैं उसका एक बीज
तुम्हारे दाँतों के बीच फँसा हुआ।

तुम्हारे जन्म-दिन पर

तुम्हारे सुर्ख होंठों के लिए गुलाब
तुम्हारे सयाह लम्बे बालों के लिए लम्बी रातें तारों से भरी टिमटिमाती हुई
तुम्हारे आगोश की नर्म घास पर ओस का गीलापन

तुम्हारी आँखों के लिए...
नहीं... नहीं
उस जैसा कुछ भी तो नहीं

तुम्हारे काँपते जिस्म को ढक लेता हूँ
अपनी चाहत की चादर से

तुम्हारी देह के लिए
मेरी देह मदिर और उत्सुक

तुम्हारे लिए
इस जन्म-दिन पर
मैं जलाना चाहता हूँ अधिकतम 18 मोमबत्तियाँ
तुम्हारी उम्र मेरे लिए वहीं कहीं आस-पास ठहर गई है...

18 की उस याद के लिए
वह आइसक्रीम
देखो अब यह जितनी भी रह गई है समय की आँच से पिघलती हुई

तुम्हारी नर्म हथेलियों के लिए
मैं खरगोश बन जाता हूँ

अपनी चमकीली आँखों से तुम्हें निहारता हुआ वह लड़का
तुम्हें याद है
अपनी एटलस साइकिल से जो कई चक्कर लगा लेता था तुम्हारे घर का
रोज ही
तुम्हारे घर के सामने से तेज घंटी बजाता हुआ

इस जन्म-दिन पर
क्यों न केवल तुम रहो
सिर्फ तुम

और मैं अपने मैं को छोड़कर बैठा रहूँ तुम्हारे पास
जब तक बुझ न जाएँ तारे...

आदम

भीड़ में गुम गया है आदम
खोई हुई हव्वा को खोजते हुए

हर स्त्री में वह स्मृति की तरह रह गई हव्वा के पास जाता है
और उसकी सम्भावना में एक आदम की तरह खटखटाता है साँकल
बजाता है घंटी
पुकारता है वही राग
जिसे पहली बार गुनगुनाया था उसने हव्वा को रिझाने के लिए

अपने वंश वृक्ष के इस जंगल में
आदम से आदमी बनते-बनते वह कितना बदल गया है
इसका ठीक-ठीक इल्म उस हव्वा को होगा जिसकी तलाश में है वह

शायद उस सेब को होगा पता
जिसकी मिठास पुरा कथाओं से बहकर आती है अभी भी

ईश्वर के साम्राज्य से बहिष्कृत
अपनी नश्वरता के उद्यान में उसने खिलाए प्रणय के फूल
गाए उसने अपनी अमरता के गीत

अब भी
जब कभी उमगते बेटों-बेटियों में वह सुनता है हरे पत्तों की सरसराहट

उसके रक्त में धरती की पहली फसल की महक समा जाती है

इधर हव्वा और आदम के धागे उलझ गए हैं
उनके रास्ते में आ गया है वही ईश्वर
उन पर रखता है नजर

हव्वा को खोजते-खोजते उसने देखे
अपनी बेटियों के लटके हुए शव, झुलसे हुए चेहरे
प्रेम विहीन दाम्पत्य में उन्हें घुटते हुए

न जाने कैसा बनाया है हव्वा ने अपना यह स्वर्ग
जहाँ से अब बहिष्कृत होने के रास्ते भी बंद हैं।

छल

अगर मैं कहता हूँ किसी स्त्री से
तुम सुन्दर हो

क्या वह पलटकर कहेगी
बहुत हो चुका तुम्हारा यह छल
तुम्हारी नजर मेरी देह पर है
सिर्फ देह नहीं हूँ मैं

अगर मैंने कहा होता
तुम मुझे अच्छी लगती हो
तो शायद वह समझती कि उसे अच्छी बनी रहने के लिए
बने रहना होगा मेरे अनुकूल
और यह तो अच्छी होने की अच्छी-खासी सजा है

मित्र अगर कहूँ
तो वह घनिष्ठता कहाँ
जो एक स्त्री-पुरुष के शुरुआती आकर्षण में होती है
दायित्वविहीन इस संज्ञा से जब चाहूँ जा सकता हूँ बाहर
और यह हिंसा अंततः किसी स्त्री पर ही गिरेगी

सोचा कि कह दूँ कि मुझे तुमसे प्यार है
पर कई बार यह इतना सहज नहीं रहता

बाजार और जीवन-शैली से जुड़कर इसके मानक मुश्किल हो गए हैं
और अब यह सहजीवन की तैयारी जैसा लगता है
जो अंततः एक घेराबंदी ही होगी किसी स्त्री के लिए

अगर सीधे कहूँ
कि तुम्हारा आकर्षण मुझे
स्त्री-पुरुष के सबसे स्वाभाविक रिश्ते की ओर ले जा रहा है...
तो इसे निर्लज्जता समझा जाएगा
और वह कहेगी
इस तरह के रिश्ते का अंत एक स्त्री के लिए पुरुष की तरह नहीं होता...

भाषा से परे
मेरी देह की पुकार को तुम्हारी देह तो समझती है
भाषा में तुम करती हो इंकार

और सितम कि भाषा भी चाहती है यह इंकार।

आना अपने घर

मैं सुन रहा हूँ बारिश
भीगते जंगल में सरसराती है तुम्हारी आहट

तुम्हारा आना
धरती पर मेघ का आना है
धरती घर है बादलों का
तुम अपने घर आ रही हो

तुम जो निकल गई थीं
खरपतवार से घिरी उस काली दिशा की ओर
जहाँ से रह-रह आती अजनबी आवाजें
उदासी के किसी तलघर में गिरती हुईं

तुम्हारी आवाज के किनारे कभी बना था एक घर
तुम्हारी आवाज लहर नहीं है
और यह रेत के नहीं कामना के घर थे जो मिटते हैं कहाँ

इस आवाज की रोशनी में तुम्हारे बैंगनी दुपट्टे के पीछे-पीछे
कितनी रातों का इंतजार रहा मेरा
उन रातों के अंतहीन रेगिस्तान में मेरे पैरों को छाले
काँटों की तरह चुभते रहे
और बिलखकर बहते रहे

तुम्हारी पीठ की चमकती धूप पर
मेरी कामनाओं की आड़ी-तिरछी हैंडराइटिंग है

तुम जब आना
आना जी...
अपने उस घर में

उसी हैंडराइटिंग में नेम प्लेट लगा है तुम्हारी ही स्पेलिंग का।

मेरी मुश्किल

मुश्किल है यह सफर
यह लम्बा रास्ता
सराय की लम्बी अकेली रातें

सुबह मुश्किल
दोपहर मुश्किल
शाम का अपनापन काँटों भरा
रात ने दुश्मनी ठान ली है आँखों से
आखें करती हैं पहरेदारी रात की रात भर

तुम्हारी चाहत के चक्रवात में खुद को भूल गया हूँ
तुम्हारी चुप्पी के निर्वात में डूब गया हूँ

तुम अपनी आवाज से भी तो छूती हो मुझे
अपनी कामना से गह लेती हो मुझे

मेरे चाहत के सूर्य स्नान से निकली तुम्हारी निष्कम्प देह
चमक रही है मेरे मन की सीढ़ियों पर

हमारे बीच जो गाँठ है...
वह सभ्यता की गाँठ है और इसी लिए यह पेंचदार है और मेरी ओर झुकी है

पर इसकी गिरह तो तुम्हीं खोलोगी
तुम्हीं तो बताओगी कहाँ चुभता हूँ मैं तुम्हें

कुछ इस तरह कि सहज हो प्रेम
और इसकी जरूरत, पहली जरूरत रहे।

दीपमाला

प्रेम के बाद भी प्रेम ही बचा रहे
प्रेम के आकाश के नीचे प्रेम की हरी दूब पर
प्रेम के ओस कणों में असंख्य रूप में प्रेम ही झिलमिलाए

इस झिलमिल में तरल उस प्रेम का चेहरा
तुम्हारी आँखों में दीये की तरह दमकता रहे
स्नेह जिसका अनंत तक रहे नम

वही नमी
जो हरसिंगार की जड़ों में गुम होकर
उसके पीले पत्तों में खिल प्रस्फुटित होती है
और तुम्हारे जूड़े में हँसती हुई मेरी आँखों में आ बैठती है

अपनी हथेली पर तुम्हारी पलकों के टूटे बाल को
अपनी पलकों से छूता हूँ
तुम तक इतना आ गया हूँ
कि मेरे होंठ तुम्हारे होंठों से सुलग उठे हैं

आँख खुल जाती है
सिरहाने हरसिंगार हँस रहा है

बाहर दीये की लौ में मैंने तुमको देखा।

मधुमास

इतवार कब फिसल गया पता ही नहीं चला

थककर लौटती हो तुम
टूटकर गिरा रहता हूँ मैं

कभी प्याली तुम पकड़ाती हो
कभी चाय मैं बनाता हूँ
हम दोनों मिलकर भी कई बार नहीं बना पाते रात का खाना
जाले कौन हटाए यह एक और उलझा हुआ सवाल है

गमले का पौधा पहले मुरझाया फिर रविवार आने से पहले ही
गिरकर सूख गया
उसका शव मिट्टी बना
इस मिट्टी में रोपना है फूल
करता हूँ इंतजार फिर किसी छुट्टी का

सूरज को देखे बरसों बीत गए
चाँद दिखता है धुँधला
किसी दिन जब हम आफिस जाने की जल्दी में थे
खिड़की से गौरैया ने खटखटा कर दी थी आवाज
हड़बड़ी में हम छोड़ आए चलता पंखा
शाम उसके पंख बिखरे मिले घर में खून से लथपथ

अब हमारी खिड़की बंद रहती है

बसंत पहियों से घिसटता आता है हमारे शहर में
तुम्हारी खुशबू में लिपटा चला आता है धुआँ
मेरे कपड़ों से रेत की तरह गिरते हैं
मेरे छोटे-बड़े समझौते

तुम्हारी लिपस्टिक से उतरती हैं दिन भर की फीकी मुस्कराहटें
तुम्हारा मोबाइल तुम्हारी हँसी को बदल देता है
यस सर में
मेरा लैपटाप खींच ले जाता है मुझे तुमसे दूर
अपनी आफिस टेबल पर

अगले दिन शाम ढले फिर तुम झुकी हुई आती हो
रात गए मैं बुझा सा तुमसे मिलता हूँ

हमारे बीच
न स्नेहिल स्पर्श है, न कातर चुम्बन, न आतुर रातें

शायद वीर्य और रज भी हमारी किश्तों के भेंट चढ़ गए।

पानी

हिल रहा था पानी का आँचल
कीचड़ से सनी उसकी देह जैसे सभ्यता का शव हो

कभी गाए थे कलश ने उसकी गरिमा के गीत
अंजुरी में मंत्र की तरह भरती थी उसकी पवित्रता
सभ्यताओं ने सुनी
घने जंगलों और उदास पहाड़ों से होकर
समतल मैदानों में बहता उसका गीत

धरती देखती थी प्यासी आँखों से
चमकते, गरजते, बरसते पानी के धज को
भीगी रात में वनस्पतियों के तन पर
ओस की टप-टप का संगीत भरता था जीवन

नदी किनारे जन्मी सभ्यताएँ
एक दिन बिन
पानी मछली की तरह
रेत पर छटपटाएँगी पत्थर की शय्या पर।

तीर्थ

घाट की अंतिम सीढ़ी पर बैठ
ईश्वर धो रहा है अपने पाप
जो उसने कभी किए ही नहीं
निकाल रहा है इच्छा, आकांक्षा, वासना के मैल को
जो होते ही हैं सबके पास
ईर्ष्या, द्वेष, आसक्ति से परे
वह साधता है ऐसा अनुशासन कि
दुःख, कष्ट और पीड़ा के किसी गहनतम क्षण में भी
न काँपे पुतली
और अनाचार के कीच में भी खड़ा रह सके वह अविचलित

न जाने वह पाप धो रहा है
कि अपने पीठ के निशान
जिसका दिखना भी एक प्रतिकार है।

आदमी के जंगल में बंदर

मोहल्ले में बंदरों का उत्पात है
छतों पर दौड़ते हैं बेखटक
तारों पर झूलते हैं, कर देते हैं बिजली गुल
घुड़कते हैं, खौंखते हैं, दौड़ा लेते हैं

क्यों आते हैं बंदर आबादी में

क्या मुझे पहले यह नहीं पूछना चाहिए
हम क्यों आ गए उनकी बस्ती में।

हमारी दुनिया

अभी-अभी गाय की थन से लौटा हूँ
न संशय
न आभार

भगौने में उबल रही है बछड़े की प्यास

धूप में कुलाचें भर रहा है बछड़ा
न शिकायत
न आक्रोश

ऐसी न जाने कितनी क्रूरताओं पर टिकी है
हम मनुष्यों की दुनिया।

महाजंगल

माँद में नहीं है शेर
हिरन गुम है हरियाली से
नदी निगल गई मछलियों को
घोंसले से न जाने कहाँ चली गई गौरैया
अपशगुन की तरह मँड़राते गिद्धों का नहीं है कोई अता-पता
रात के पास नहीं रहते जुगनू
फूलों से दूर न जाने कहाँ भटक रहे हैं भौंरे
बच्चों के हाथों से दूर चली गई हैं तितलियाँ
न कुत्ते भौंकते हैं, न बिल्ली रोती है, न चूहे दिखते हैं

मनुष्य के महाजंगल से लुप्त हो रहा है जंगल।

आशंका

धूप खिली है
जैसे फूल खिलते हैं

पराग को लिए जा रही है हवा
तोते के लिए पक गए हैं फल
बारिश हुई है और रोपा गया है धान

रात में नदी के उस पार से आती हैं जानवरों की आवाजें
दिन में कई बार आ जाते हैं वे इधर

अमराइयों में एक लड़का किसी उमगती लड़की के पीछे-पीछे
भूल-भालकर सब कुछ उसे चुन-चुनकर दे रहा है मीठे-मीठे आम

स्कूल में एक बच्चा गा रहा प्रार्थना
हिंदी में

आकाश नीला है बादलों से भरा

सोचकर सिहर जाता हूँ
क्या कभी यहाँ भी 'है' की जगह 'था' लिखा जाएगा

जैसे अब हम लिखते हैं
कुछ पक्षियों के बारे में।

कुर्सी

कुर्सी को भी प्रतीक्षा रहती है
कोई भरे उसके खालीपन को
माँ की गोद को जैसे भरता है शिशु

उम्र की छाँह में अधलेटे सहाय बाबू
जब उतर आते हैं भीतर
कुर्सी भर जाती है रोशनी से
उस उजास में बच्चे ठीक करते हैं अपने जीवन का व्याकरण

कुर्सी को ऐसे लोग पसंद हैं जो
सीधी रखते हैं अपनी रीढ़ और जाग्रत रहता है जिनका जीवन-विवेक
जो न झुकते हैं न झुकाते हैं
न गिरते हैं न गिराते हैं

अक्सर घिर जाती है कुर्सी
तमाम तरह के संधि-विग्रह, मान-अपमान के बोझ से
कुर्सी की स्मृति में कभी-कभी
कौंधती हैं एक जोड़ी खड़ाऊँ

ऐसे भी भरा जाता है उसके खालीपन को।

झीनी चदरिया

चादर को मैली होने से बचाने के
कितने जतन थे सहाय बाबू के पास

देह पर बोझ न रहे
यह सोचकर मैल न जमने दिया मन में

कभी हबककर नहीं बोला
कभी ठबककर नहीं चले
गेह की देहरी से उठाते रहे प्यास से भरा लोटा

जब भी गए भूख से भरी थाली के पास
श्रम का पसीना पोंछकर गए

कभी-कभी निकल आते ईर्ष्या-द्वेष के कील काँटे
पैंट की जेब में चला आता स्वार्थ
अहं की टाई को बार-बार ढीला करते
अधिकार के पेन को बहकने नहीं दिया
चादर को जस का तस लौटने का स्मरण था सहाय बाबू को

हालाँकि हबककर बोले बिना कोई सुनता न था
ठबककर न चलने में पीछे रह जाने का अपमान था

सहाय बाबू छड़ी से ओस की बूँदों को छूते
जैसे वह गोरख और कबीर के आँसू हों।

मिटकौवा

जब भी मैं उसे पुकारता
पहले पेंसिल आ खड़ी होती ताजी छिली हुई नुकीली

मिटाने की एक उम्र होती है
गलतियों की नहीं

गलतियाँ छिपाई जा सकती हैं
इस छिपाने को भी दिखाते हुए

प्रारम्भिक पाठशाला में हम मिटा-मिटाकर लिखते हैं
गिरते हुए गर्द के साथ निखरता है हमारा होना
धीरे-धीरे गाढ़ी होती है रोशनाई

जीवन की स्पेलिंग अगर बिगड़ जाए
मिटकौवा नहीं देता अवसर

या तो क्षमा होकर झुक जाएँ
प्रायश्चित में गिर जाएँ
सबसे बेहतर है सजा का इरेजर
धीरे-धीरे काली पर्त उतारता हुआ

एक बार फिर मैं कहूँगा
मिटाने की उम्र होती है
गलतियों की नहीं।

टार्च

उजाले में यों ही पड़ा था आँखें बंद किए
जैसे वह कुछ हो ही नहीं
उसे तो जैसे अँधेरे की प्रतीक्षा भी नहीं
कि रोशन हो सके उसका होना

हाँ अगर अँधेरा घिर आए
सूझे न रास्ता
उजाले तक न पहुँच पाए हाथ
वह आ जाता है खुश-खुश
और तब भी दिखती है रोशनी
वह कहाँ दिखता है

कभी-कभी फोकस ठीक करना होता है
काटनी होती है कालिमा
नहीं तो बिखर जाता है प्रकाश
धुँधला पड़ जाता लक्ष्य

वह है वहाँ अब भी जहाँ चमक-दमक कम है
अँधेरी रात में उसके सहारे
किसी पगडंडी पर चलकर देखो
तब दिखता है उसका होना।

छल्ला

छल्ले में लटकी थी चाभी
छल्ले को चाभी की ऐसी आदत
जब चाभी माँगता छल्ला साथ-साथ चला आता

छल्ले के बिना गुम जाए फिर भी कभी चाभी
अकेले छल्ले का क्या
मिले-न-मिले
रहे-न-रहे

चाभी जब खोलती है ताला
डूबकर तन्मय
छल्ला करता रहता इंतजार

फिर चाभी निकल आती उसी के सहारे
जैसे कुएँ से भरकर पानी
बाल्टी आ जाए रस्सी चढ़-चढ़कर

खिटपिट करतीं चाभियाँ
पर रहती साथ ही

छल्ले के पास संदेशों के कई बुशर्ट
चाभियाँ एक रंगी

ऊँची-नीची दाँतों वाली

रहस्य के तिलिस्म में चाभियाँ तितली की तरह बैठती हैं
तो लौट आती हैं छल्ले के घोंसले में चिड़ियों की तरह चीं चीं करतीं।

गोंद

सबसे अधिक आती है उसकी याद
जब चिट्ठी पर चिपक न रहे हों डाक-टिकट
किसी अर्जी से बार-बार गिर जा रहा हो अपना ही चेहरा
संदेश को पहुँचना हो अपने घर बिना मुँह खोले

फिर तो चिट्टी दिखती है
डाक टिकट दिखता है
चेहरा और संदेश

गोंद नहीं दिखता

अपनी गुरुता में डूबा
अपने गाढ़ेपन में गम्भीर

गोंद तो पिन भी नहीं है कि कभी चुभ जाए

कुछ चीजें इसी तरह अदृश्य रहकर
अपना काम करती हैं।

वानप्रस्थ

जैसे थककर बैठ गया हो कोई
चलते-चलते किसी की छाँह में

मनकों में गूँथ ले दिन, महीने और बरस
सजदे में गिरा रहे कटे पेड़ की तरह

एक लम्बा जीवन जीने के बाद
जैसे कोई अलग कर ले अपने को
हुक्के की ओट में

कुछ कहना हो तो हुक्का ही कहे
अपनी गुड़-गुड़ में
पानी और धुएँ से आती तम्बाकू की उस भाषा में
जिसमें जितना कहना है उतना ही छिपाना

क्या इसे ही कहते हैं वानप्रस्थ।

जन्म

भीगे आँगन में
दो नन्हे पाँव भटक रहे हैं
हथेलियाँ लेना चाहती हैं पानी का स्वाद
उत्सुक आँखों में जैसे पहली बार खिला हो चंद्रमा
आरक्त तलवे तपते हैं सूरज की किरणों पर

जिह्वा पर ध्वनियों का नया संगीत है
अटपटे झरते हैं वर्णमाला के अक्षर
व्याकरण के बाहर कागज के छोटे-छोटे नाव
लिए फिरते हैं अभिव्यक्ति के नए-नए सुख

संज्ञाएँ पहली बार पुकारे जाने के रोमांच में
मुड़-मुड़ देखती हैं।

खिलौना

धरती पर उसके आगमन की अनुगूँज थी
वयस्क संसार में बच्चे की आहट से
उठ बैठा कब का सोया बच्चा

वहाँ गेंद थी
एक ऊँट थोड़ा सा उट-प-टांग
बाघ भी अपने अरूप पर मुस्कराए बिना न रह सका

पहले खिलौने की खुशी में
धरती गेंद की तरह हल्की होकर लद गई
हड़प्पा और मोहनजोदड़ो से मिली मिट्टी की उस गाड़ी पर

जिसे तब से खींचे लिए जा रहा है वह शिशु।

बेरोजगार पिता

मित्र ने छिपाया अपने पिता होने को
एक बेरोजगार का यूँ भी पिता हो जाना

उसने छिपाई हँसी में
अपने बच्चे की मुस्कराहट
अपनी बातों में उसके दो सफेद दाँत
हमसे छिपकर वह सुखाता रहा
उसके गीले कपड़े

हमारे पीछे जब वह पड़ जाता एकांत में
दो नन्हे हाथ खींचते उसके बाल
कभी वह भालू बनता,कभी बंदर तो कभी शेर

पर उसकी बेफिक्री में कभी-कभी दिख जाते
एक बेरोजगार पिता के झुके हुए कंधे।

खिलने का गीत

उगने और पनपने के लिए एक उम्मीद
एक प्रार्थना फैलने और पसरने के लिए
थोड़ा जा जल नमी और लचक के लिए
कुछ शब्द जो पक जाए फलों में
जिसे बार-बार दुहराता जाए वह तोता
कुछ खाए और कुछ गिराए
फिर से अँखुआने के लिए

थोड़ी सी जिद तने रहने के लिए
गुस्सा भी जरूरत भर का जब चुभे काँटे किसी को भी
और काँटे भी मखमली भाषा के लिए जब-तब
मिटने और मिटाने का साहस विवेक की डिबिया में
रोने का संवेद और अपने पर हँसने की खिलती हुई हँसी भी।

कितना और कब तक

एक देश को बने रहने के लिए कितनी आक्रामकता चाहिए?
चल सकता कोई समाज कब तक घृणा से?
कहाँ तक हो सकता एक परिवार हिंस्र?
किसी व्यक्ति में कितनी आएगी क्रूरता?

धर्म-ध्वजा के लिए कब तक विधर्मियों को मारा जाता रहेगा?
कुफ्र को मिटाने के लिए कितने काफिर दरकार हैं?
धर्म के उजाले के लिए कब तक होते रहेंगे चेहरे मलिन?

कीचड़ में जब-तब पड़ जाते रथ के पहिए के पीछे
कब तक टूटते रहेंगे कन्धे?

पुकार

सूखे कुएँ से रह-रह आती पुकार
वह पुकार जिसे मारा गया था तरह-तरह से

जब आवाजें दास की तरह चुप रहती हैं
उस पुकार में लम्बी चीखें हैं
इंकार में उसका सिर प्रेत की तरह डोलता रहता है

पपड़ियाए होंठ से लौ की तरह जलती वह पुकार
सुलगा देती है दास चुप्पियों को
उठ बैठती, मिल जुल पुकार उठती एक साथ

चीखों पर पुकार लाजिम है
देखना प्रति उत्तर में उनके साथ-साथ चले

यह समवेत कंठ
सूखे कुएँ से बाहर आने की हमारी रस्सी।

रात की ओर

नींद में यह सुबह की खट-पट है
मेरे सपने के बाइस्कोप में धूप-बच्ची की उजली हँसी फैली है
मेरे आलस्य में वह मछली की तरह
छप-छप कर रही है
रोशनी की वह नाव मेरे नींद के तट पर आ लगी है

मुझे अब उठना होगा
अगली सुबह तक मुझे रात में टुकड़े-टुकड़े गिरना जो है
एक टुकड़ा झूठ का
एक बेईमानी का
ढेर सारी कालिमा, और धुंध

हर सुबह देती है मुझे उजले दिन की शुरुआत
और मैं हर बार गिर जाता हूँ टूट-टूटकर अपने ही भार से।

काली रात

काली रात घना साया था
यह जंगल पर नहीं
हम पर छाया था

रात में होने का डर था जिसका
वह दिन में हुआ था
चुप थे सब, झुके थे कंधे सबके

आसमान ने रंग बदले कैसे-कैसे
टूटकर गिरती थी बिजली
कितनी बार उफनी नदियाँ
टूटे किनारे बार-बार

बिखरी किरचें कौन बटोरे
जो बारहा चुभते थे मन में

किसी को तो लानी थी वह आग
जो सुलगती है, सुलगाती भी
जलती और जलाती भी

इस लम्बी सुरंग का मुहाना होगा तो कहीं
कौन ढले बन सूरज।

चेहरा

उस चेहरे को सोच रहा था
जो अभी-अभी उठकर गया था यहाँ से

कुछ चेहरे हैरान कर देते हैं अपनी भाषा से
ओंठ और आँखें ही नहीं लकीरें भी मिलकर रचती हैं अर्थ
जिसे समझ लेती हैं चिड़ियाएँ भी

वहाँ कुछ सीधी बातें थीं कुछ ठोस इरादे
न हकलाहट न स्फीति
उस भाषा में उसने अभी इंकार कर दिया था झुकने से
और देखिए चमत्कार कि ऊँचा हो गया था उसका कद।

स्मृतियाँ

बुझे हुए दिनों की लपट भी जलाती है

सर्द रात में अपमान से भीगा वह भारी कम्बल
जिसकी चुभन के निशान अभी भी हैं

प्रतिहिंसा की कड़वी चाय आज फिर पीने बैठा हूँ
कई बार सोचा आत्मघात के बारे में
मैं हत्यारा होते-होते रह गया
जलने से रह गई वह बारूद, मेरे नथुनों में अभी भी है

कोयले से राख को हटाता हूँ
थरथराती वह लपट फिर दिख जाती है

वह लपलपाती हुई धार
जो वर्षों से पी रही है मेरा ही रक्त

स्मृतियाँ भी पिंजड़े की उस चिड़िया की तरह हैं
जो जब-जब बाहर आती हैं
खरोंच और चोट लिए आती हैं।

हंता

गहरे निशान हैं उनके बदन पर
दुखती रहती हैं उनकी आत्माएँ

दुत्कारा जाता है उन्हें सम्पन्नता की दहलीज से
सम्मान के चबूतरे पर न छोड़ी गई है उनके लिए कोई जगह
छीन लिए गए हैं उनके हुनर भी
उनकी धरती
उनके जंगल
यहाँ तक हवा पानी भी न रहे अब उनके
कर दी गई उनकी कला व्यर्थ

उनके पास अपनी देह है जो झुकती नहीं
आत्मा जो गिड़गिड़ाना नहीं जानती

विरोध के जब सब रास्ते बंद हों
क्या करेंगे आप।

वह निरालंकार

वह ईमानदार क्रोध कहाँ
खोजता हूँ वह खुशी जिसके पीछे न हो किसी की पराजय

वह हँसी जो प्रस्तावित नहीं किसी के अपमान पर
वो भावुकता जिस पर फिसल न जाए विचार

वह मुस्कराहट मनुष्यता की
बहुत दिनों से खोज रहा हूँ
प्रशंसा किसी की सच्ची

प्रतिरूपों में वह मौलिक
वह खरा, निरालंकार कहाँ है

वह जो गुम है
कुछ मुझ में कुछ तुम में।

इंकार

दरवाजे पर इंकार की ठोकर
बढ़े हुए हाथ के प्रति उत्तर में खींच लिया उसने अपना हाथ

वह हथेली जिस पर चोट और घाव की महीन लकीरें हैं
जिस पर मैल है मनुष्यता की
अपमान और धोखे की चुभती हुई पपड़ी

वहाँ नफरत के इतने पर्यायवाची हैं
कि सबका विलोम ढूँढ़ने में मेरी हथेली को समय लग रहा है

हर सख्त हथेली पहले चुभती क्यों है।

नई शुरुआत

अब की अच्छी शुरुआत की जाए

घमंड से ऐंठन की जगह
नम्रता से सीधा रहा जाए

पड़ोसियों पर हँसने से पहले
उनके दुःख में रो लिया जाए

एक दिन घर से निकलना हो और
बिना दाग के वापस लौटा जाए

आत्मा में चढ़ने से पहले मैल
हँसी की तेज धार से उसे खुरच दिया जाए

एक दिन गली बुहारी जाए
नाली साफ की जाए

पर उससे पहले मन के कपट आँसुओं से धुल लिए जाएँ।

रास्ता

सहज परिचित रास्ते को छोड़कर
अंततः मैंने पकड़ा वह रास्ता
जो कई दिनों से
मेरे सपनों में महक रहा था
आकांक्षा के क्षितिज तक फैली हुई थी जिसकी गंध
मेरी शिराओं में टकरा रहा था जिसका फन

मैंने अपने जूते पर निगाह डाली
घड़ी से माँगा थोड़ा सा समय
और यह रास्ता इस तरह से दे रहा था मुझे रास्ता
कि अब तक तो मैं भटका ही किया था
दिनचर्या में खो गया था कहीं
रुका हुआ था इन पहचाने रास्तों पर चलते हुए

मुझे पता नहीं था यह रास्ता कहाँ जाता है
पर क्या कोई रास्ता कहीं जाता भी है?

अज्ञात के आकर्षण की डोर थामे
आशंका के काँपते पत्तों के बीच
मैं निकल आया दूर
अपने से भी।

नाविक

अथाह थी वह नदी
कि लहरों का दबाव कभी-कभी असह्य हो जाता

वेगवती इतनी कि
नाव भी डगमगा जाए
कई बार भर बैठती ऊपर ही
न चप्पू न पतवार
बस खरपतवार
रोज ही बिखरती, बिखेरती, बिफरती

कहीं कुछ था उसके और नदी के बीच
सीखा था नाव चलाना उसी से
तैरना, उतरना, और गहरे तक डूब जाना
उसकी भीगी गंध और उसका अल्हड़ उठान
उसका उफान

पर क्या करता वह
उसे तो तट के पार भी जाना था
उसे न जाने कहाँ-कहाँ जाना था

बुद्ध होते तो वह पूछता कि क्या करना है इस नाव-नदी का।

कपास

कपास का सर्दियों से पुराना नाता है
जब हवा बदलती है अपना रास्ता और
पहाड़ झुक जाते हैं थोड़े से

दो पत्तों के बीच वह धीरे से मुस्करा देती है
जैसे पहाड़ों की सफेदी पिघलकर उसमें समा गई हो

सर्दियों के आने से पहले आ जाते हैं कपास के उड़ते हुए संदेश
और आने लगती हैं धुनक की आवाजें

धुनक के तारों से खिलती है कपास
गाती हुई सर्दियों के गीत
एक ऐसा गीत जो गर्म और नर्म है
दोस्ताना हाथ की तरह।

धुनक और शेर

कथा यह है कि एक बार एक धुनिया कपास के पीछे-पीछे
निकल आया दूर तक

सर्दियों के आने का समय था
आ रहे थे कपास के उड़ते हुए संदेश
प्रतिउत्तर में धुनक ने रम्भाना शुरू कर दिया था
धुनिया उसके पीछे-पीछे
उसके बनैले गंध से मंत्रबिद्ध
नगर से बाहर
अपने से परे
आ निकला

अब उसके और कपास के बीच जंगल था
और जंगल में शेर न हो
तो फिर कैसा जंगल और क्या तो शेर

धुनिया के कंधे पर धनुष की तरह धुनक
और सामने शेर
जंगल और जंगल के नियम

असहाय धुनिया
ठिठका शेर

और
उधर बेचैन कपास
पत्तों के बीच से झाँककर देखती हुई धुनिया का रास्ता
सुन ली थी उसने धुनक की आवाज

कथा यह कहती है कि
शेर ने ली अपनी राह

उसके रास्ते में कहीं नहीं आता था यह धुनक।

यायावर

यह रास्ता कहाँ जाता है
रोशनी में डूबी दोपहरी से
एक जोड़ी जूते ने पूछा
जूते के चेहरे पर यायावरी के गहरे निशान थे

फीकी मुस्कान लिए दोपहर ने
शाम की छतरी तान ली
शाम को रात में गिरना था
रात में जुगनू की लाठी पकड़े
उस एक जोड़ी को फिर भी
कहीं जाना था

क्या कोई रास्ता कहीं जाता है?
रेत के समुद्र में उन कँटीली झाड़ियों से
पूछा था उसने
जहाँ दिशाएँ एक दूसरे में गुम
किसी अंतहीन विस्तार में खो गई थीं

घड़ी की टिक-टिक से
जाना जा सकता था काल को
जिसकी पूँछ को खा रहा उसका ही मुँह

दिशाहीन अनंत काल में यायावरी?

पेड़ पर पीठ टिकाए
उसका प्रश्न चिड़ियों की चहचहाहट में बदल गया था
जूते के तस्मे बाँधते हुए
उसे पहाड़ी के उस पार जाना था

उसे अभी अपने से भी
पार जाना था।

सिसिफस

धूप उठी
और उठकर बैठ गई
नींद मेरी सोई पड़ी रही

उस पर भार था एक पत्थर का
जिसे ले चढ़ता उतरता था मैं रोज

मेरी नींद से
न जाने कहाँ चले गए महकती रातरानियों के वे फूल
जिनसे बिंधा रहता था मेरा दिन
कोई पुकार बजती रहती थी मेरे कानों में
जल के हिलते विस्तार से तारों की टिमटिमाती हुई

मेरी नींद पर खटखट नहीं करता अब
ओंस से भीगा वह हरा पत्ता
जो अभी भी अंतिम आकर्षण है
इस सृष्टि का
और सृष्टि किसी शेष नाग पर नहीं
इसी की नोंक पर टिकी है

मेरी नींद के जगने से पहले
उठ बैठती थी चिड़ियों की चहचहाहट

नदी से लौटी हवा के गीले केश
बिखरे रहते थे मेरे गालों पर

निरर्थक दिनचर्या की जंजीरों में जकड़ा
न जाने किस दलदल में
घिर गया हूँ मैं

एक ही रास्ते से आते-जाते
जैसे सारे रास्ते बंद हो गए हों

कौन बधिक है यह
जिसके जाल में फँस गया है मेरा दिन
और जिसके जंजाल में उलझ पड़ी हैं मेरी रातें।

वैराग्य

मेरी सारंगी से जो बजता है वह राग नहीं
मैं विराग हूँ

संसार में रहते हुए भी असंसार हूँ
मटमैली चादर में अपनी थकी काया लपेटे
धीरे-धीरे बढ़ाता हूँ कदम

मैं किसी दौड़ में शामिल नहीं
यहाँ तक कि धीरे चलकर पीछे रह जाने की किसी आत्मदया में भी नहीं रहना
मुझे

मेरे चेहरे की जो उदासी है
उसे हर खुशी के अंतिम छोर पर तुम हमेशा पाओगे

अभी-अभी अपनी युवा पत्नी से भिक्षा लेकर लौटा हूँ
अपनी माँ के सामने अडिग मैंने घोषणा की है
कोई नहीं मेरी माँ, मेरा पिता, मेरा प्रजापति
कोई धर्म ग्रंथ मेरा नहीं
जीवन की सारी परिपाटियों को आज अस्वीकर करता हूँ मैं

मेरा कोई देश नहीं
व्याकरण के जल्लाद और मीमांसा के धर्माधिकारी सुन लें

अब मुझे नहीं रहना भाषा के घर में भी

मनुष्यता के महाजंगल में
तुम्हारी क्रूरता और कपट के इतने विष वृक्ष हैं
कि अब मैं एक जानवर की तरह भी नहीं रह सकता यहाँ।

राष्ट्र

छूट गया वह यात्री मैं
जिसकी कोई मंजिल नहीं
न घर, न पता, न देश

जहाँ-जहाँ से गुजरती है ट्रेन
जहाँ-जहाँ है गति
जहाँ से कोई जा सकता है कहीं
हूँ मैं वहीं
उसके अंतिम छोर पर
टाँट और मूँज की ओट में अपने घाव सुखाता
अपने को छिपाता, गुम करता हुआ

न मेरा राशन कार्ड है
न राशन
कोई सरकार नहीं मेरी
मेरा मत नहीं

कहीं लोहा गलाता
कहीं कठफोड़वा की तरह लकड़ी खटखटाता
अपनी मुर्गियों और बकरियों के साथ

मेरे दुधमुँहे बच्चे घूम-घूम दिखाते हैं करतब

रस्सी पर चलते हुए
आग से गुजरते, कील पर सोते हुए
यह तो हमारा जीवन ही ठहरा

मैं तो देखता रहता हूँ वह करतब
जिसने इस धरती के सबसे भले लोगों को
सिखा दिया आग, रस्सी और काँटों के साथ जीना

मेरी औरतें अपने काले जिस्मों से घिस-घिस कर
छुड़ाती हैं न जाने किसके पाप
सहचर हैं हमारी
इस विपदा में भी रही हमारे साथ

मेरे ये छोटे-छोटे छौने
जो घूमते नंगे-बेखटक
मलिन और अधपके
देश के भविष्य ने जैसे इनके भविष्य से
अपने को अलग कर रखा है

हाँ! बेदखल कर दिया गया है मुझे
इस धरती के मेरे ही हिस्से से
हमारी छाया से भी बेखबर है राष्ट्र!

यह भी पुराने खुदाओं की तरह निकला।

हत्या

उसकी हत्या हुई थी। सड़क से गाँव के रास्ते का एक हिस्सा सुनसान था। खेतों से होकर गुजरता था। वहीं से वह गायब हुई। वहीं गन्ने के खेत के पीछे उसका शव मिला, कई दिनों बाद। चेहरा झुलसा हुआ। कपड़ों से पहचानी गई।

पिता ने जोर देकर कहा कपड़ों से पता चलता है उसके साथ दुष्कर्म नहीं हुआ है। लड़की ने मरते-मरते भी कुटुम्ब की लाज बचाई।

कहीं बाहर नौकरी करता भाई आया था। चेहरे पर थकान। जैसे किसी झंझट में पड़ गया हो।

घर के लोग अब जो हो गया सो हो गया का भाव लिए कुछ आगे करने के बारे में संशय में थे। एक पड़ोसी ने यह भी कहा कि क्या जरूरत थी जवान लड़की को पढ़ाने की।

वह सिपाही बनना चाहती थी। कोचिंग करने समीप के नगर में जाती थी। अंत समय उसने मोबाईल से जिनसे बातें की वे भी उसके मौसरे भाई, चचेरे भाई थे। ऐसा उस लड़की की जाति-बिरादरी के लोग कह रहे थे बार-बार।

अगर लड़की किसी के प्रेम में होती और तब उसकी हत्या होती तो इसे स्वाभाविक माना जाता, उसके इस स्वेछाचार का अंत यही होना था, इसी किस्म से कुछ कहा जाता। और कुटुम्ब के लिए यह बदनामी की बात होती।

उसकी बस हत्या हुई थी। उसका किसी से प्रेम या शारीरिक सम्बन्ध नहीं था। यही राहत की बात थी।

एक लड़की जो स्त्रीत्व की ओर बढ़ रही थी
इसी के कारण मार दी गई

उसके लम्बे घने काले केश जो इसी दुनिया के लिए थे

उसका चमकता चेहरा
जिसकी रोशनी में कोई-न-कोई अपना दिल जलाता

वह एक उम्मीद थी
उसे अपना भी जीवन देखना था

अगर वह प्रेम में होती, बिन ब्याही माँ बनने वाली होती, उसके बहुत से प्रेमी होते
या वह एक बेवफ़ा महबूबा होती
तो क्या उसकी हत्या हो जानी चाहिए थी

क्या अब हम हत्या और हत्या में भी फर्क करेंगे।

जागरण

आँखें खोलो कब तक सोती रहोगी
माँ कहती है लड़की से
माँ जानती है
स्त्रियों के लिए नींद का क्या मतलब है?

यह जो लड़की है
धीरे-धीरे बदल जाएगी स्त्री में
जब तक स्त्रीत्व में घिर न जाएगी वह
चलती रहेगी यह पाठशाला
जिसमें उसे उत्तीर्ण होना ही है

स्त्री के लिए वही अर्थ नहीं होते
उसे हर संकेत में अपने अर्थ खोजने हैं
उसे तो सोना भी इस तरह है कि एक आँख खुली रहे

और उसका जागरण
इसकी तो अभी प्रतीक्षा है पृथ्वी को।

आटे की चक्की

पम्पसेट की धक-धक पर उठते गिरते कल-पुर्जों के सामने
वह औरत खड़ी है
पिस रहा है गेहूँ

ताजे पिसे आटे की खुशबू के बीच मैं ठिठका
देख रहा हूँ गेहूँ का आटे में बदलना

इस आटे को पानी और आग से गूँथकर
एक औरत बदलेगी फिर इसे रोटी में

दो अँगुलियों के बीच फिसल रहा है आटा
कहीं दरदरा न रह जाए
नहीं तो उलझन में पड़ जाएगी वह औरत
और करेगी शिकायत आटे की
जो शिकायत है एक औरत की औरत से
वह कब तक छुपेगी कल-पुर्जों के पीछे

इस बीच पिसने आ गया कहीं से गेहूँ
तराजू के दूसरे पलड़े पर रखना था बाट

उसने मुझे देखा छिन्तार
और उठाकर रख दिया 20 किलो का बाट एक झटके में

पलड़ा बहुत भारी हो गया था उसमें शमिल हो गई थी यह औरत भी

उस धक-धक और ताजे पिसे आटे की खुशबू के बीच
यह इल्हाम ही था मेरे लिए

कि यह दुनिया बिना पुरुषों के सहारे भी चलेगी बदस्तूर।

प्रतिध्वनि

एक शाम
भीतर की उमस और बाहर की घुटन से घबराकर
निकल पड़ा नदी के साथ-साथ

नदी जो नगर के बाहर
धीरे-धीरे बहे जा रही है
अब यह जो बह रहा है वह कितना पानी है
कितना समय कहना मुश्किल है?

बहरहाल शहर के चमक और शोर के बीच
उसका एकाकी बहे जाना
मुझे अचरज में डाल रहा था
जैसे यह नदी इतिहास से सीधे निकलकर
यहाँ आ गई हो
अपनी निर्मलता में प्रार्थना की तरह

कोई अदृश्य पुल था जो जोड़ता था
बाहर के पानी को भीतर के जल से
कि जब पुकारता था बाहर का प्रवाह
टूटकर गिरता था अंदर का बाँध

जो बाहर था
मुक्त कर रहा था भीतर को।

ओबामा

पचास साल पहले मार्टिन लूथर किंग जूनियर ने देखा था एक सपना

अलगाव की हथकड़ी और भेदभाव की जंजीरों मे जकड़े
भौतिक सम्पन्नता के हहराते समुद्र में
निर्धनता के एकाकी द्वीप की तरह
अपनी ही धरती पर निर्वासित कालों का एक सपना

चिलचिलाती धूप में
समानता और स्वतंत्रता के महकते वसंत का सपना
एक ऐसा मरूद्यान
जहाँ बच्चे रंग की चारदीवारी से मुक्त हों
और रंग नहीं कार्य दमके

कलह को भ्रातृत्व के राग में ढल जाने का सपना
जो अंततः अमेरिका का ही सपना था
बराक हुसैन ओबामा को क्या उस स्वप्न की याद है

कहते हैं ओबामा विचार नहीं
वह तो एक चेहरा है
एक ऐसा चेहरा जिससे जुड़ गई हैं कुछ अस्मितापरक आशाएँ
42 श्वेत राष्ट्रपतियों के बाद एक अश्वेत को बैठाकर
अमेरिका अपने अपराध बोध से बाहर निकल रहा है

अंततः ओबामा को एक बुश, किलन्टन या रीगन ही होना है
वह मार्टिन लूथर नहीं हो सकता
केन्या के उस सुदूर गाँव की रंगहीन शामों में
शायद ही कोई फर्क आए
जहाँ उसके नन्हे पैरों के निशान हैं
शायद ही कोई फर्क आए
विश्व में भर गए अमेरिकी धुएँ के कसैलेपन में
उसके अहम के अट्टहास में

इस नए चेहरे से अमेरिका उतार रहा है अपनी थकान
बराक के कंधे पर श्वेत अमेरिका का बोझ है।

चूरन

नजीबाबाद से मेरठ जाते हुए मीरापुर ढाबे पर बस रुकती है
यह बस के सुस्ताने का समय होता

यात्री उतरकर हैंडपम्प के शीतल जल से मुँह धुलते
चनाजोर और दालमोठ खरीदकर खाते

जैसे ही बस चलने के लिए दम भरती वह गेट पर आ पहुँचता
उसका कोई नाम भी होगा
उसके हाथ में एक बैग रहता अक्सर काले रैक्सीन का

थोड़ी देर वह बस में भिनभिनाती ध्वनियों के मंद होने का इंतजार करता
और किसी पल अपनी भारी आवाज का एक पेपरवेट उन पर रख देता

उर्दू की ओर झुकी हिन्दुस्तानी में वह किसी हकीम की तरह शुरू करता
सेहत के लिए पाचनशक्ति का गुणगान
और धीरे से सामने कर देता एक शीशी
मूली के अर्क में नमक सुलेमानी और 336 जड़ी बूटियों को मिलाकर जिसे
बनाया गया था
जैसा कि वह कहता

हाजमे से जुड़ी परेशानियों का वह कुछ इस तरह जिक्र करता
कि किसी का पेट गुड़गुड़ाने लगता

किसी को खट्टी डकार आने लग जाती
किसी को अपने फूले पेट में गैस का बादल भरा महसूस होता

फिर पास के यात्रियों की हथेलियों पर चुटकी-चुटकी रख देता
तेज तेजाबी नमक

उसके चूरन की विश्वसनीयता पर पूरा शक था
पर जिस तरह से वह अपनी बात रखता
विश्वास जमता था
यात्री चूरन से अधिक उसके शब्द खरीदते
फिर-फिर खरीदते

अब भी अगर शब्दों को सलीके से बरता जाए
उन पर विश्वास जमता है

न जाने कितने यात्रियों के पेट में उसका चूरन गया था
गैस, बदहजमी, खट्टी-मीठी डकारों पर
नमक सुलेमानी, मूली के अर्क और 336 जड़ी बूटियाँ
कुछ असर रखती हों शायद

अधभरे पेट उसका हाजमे का चूरन बेचना
अघाए उदर पर कुछ असर तो रखता ही होगा...

सीख

सच चाहे अप्रिय ही क्यों न हो
कहते रहना अपने सबसे प्रिय से
यही एक रास्ता है दोनों को बचाने का

महत्त्वाकांक्षा की बर्बरता और लोभ के अंधड़ में
जाग्रत रखना अपना विवेक

संग्रह के ढेर और बाजार के शोर से हटकर
कभी वह संतोष भी पाना
जो छिपा रहता है संगीत, साहित्य और विचारों की कोख में

करते रहना प्रयास कि प्रेम
पशुओं और वनस्पतियों के लिए भी पनपे
जैसाकि वे अभी भी भूले नहीं हैं तुम्हें

देह की सुख-साधना में
मन का अपरिग्रह भी सीखना
भारी मन लिए कहाँ-कहाँ जाओगे?

उत्सव की रोशनी में
एकांत का मौन अगर सुन सको तो सुनना

यह न भूलना कि लौटाना है तुम्हें
हवा, जल, मिट्टी, आकाश
और बार-बार लौटना भी है तुम्हें पृथ्वी पर
अपने संततियों की आँखों में

यथार्थ की खुरदरी सतह पर
भविष्य के स्वप्न की गुंजाइश रखना

जो रह गए पीछे
बढ़ा देना उनके लिए हाथ

ये पुरखों की सीख है
इसे मैं दुहरा भर रहा हूँ
कि भुला न दिया जाए कहीं।

एकांत

पहाड़ों की वह हरे रंग वाली सुबह थी
हिलता गाढ़ा रंग और उस पर चमकती हुई फिसलन
घाटी में सूरज गेंद की तरह लुढ़क रहा था
घास के गुच्छे में उसकी किरणें उलझ जातीं
विराट मौन का उजाला फैल रहा था घाटी में

इस मौन में आज उसे पता चला अपनी पदचापों का
पलकों के गिरने की भी अपनी लय होती है
श्वासों के चढ़ने का अपना संगीत

अकेला होना असहाय होना नहीं होता हमेशा
यहीं से फूटती है अपनी लघुता को देखने की वह पगडंडी
जिधर अब कोई कम ही निकलता है

उसकी देह तेजाब में भीगते-भीगते और तेज रोशनियों में जलते-जलते
कुछ इस तरह हो गई थी कि
उसे जब तक जल में भिगोया न जाए वह अकड़ी रहती

जब उसने पुकारा जल
एक शालीन धार अपनी शीतलता के साथ एक सोते से
फूट पड़ी

जल के इस आगमन पर
उसने श्लोक की तरह कुछ उच्चरित किया
प्रार्थना के संबल से भर गईं उसकी आँखें

देह ने अपने जल से जैसे इस जल का अभिषेक किया हो

इस निर्मलता के सामने
उसने अपने को काँपते हुए देखा।

अकेलापन

अकेला हूँ
पर इसका यह अर्थात नहीं कि
तुम आओ और भर दो मेरे एकांत को

तुम्हारा साथ सुखद है पर
यह कैसे भूल जाऊँ कि यह एकांत ही रहेगा मेरे अंत तक

जब अपनी अंतिम यात्रा के लिए निकलूँगा अपनी थकी काया लिए
मेरे साथ मेरा यही यार तो होगा
जिसकी गहरी आँखों में देखूँगा अपना आदि-अंत
जिसकी बातों से जान पाऊँगा अपने जीवन के ऊँच-नीच

अकेला हूँ पर उस तरह नहीं कि छोड़ गई हो प्रेयसी
दगा दे गए हों दोस्त
गलत समझा गया हो मुझे और कहा जाए अविश्वासी

अकेला हूँ पर अपने साथ हूँ

तुम्हारी याद आती है
मेरी देह पिराती है
मेरा मन तुममें भटकता है
पर मेरे दोस्त माफ करना यह आमंत्रण नहीं है

अकेलेपन की बारिश में आज जरा मुझे भीगने तो दो
खुदी की धूप में जलने दो मुझे
अपने अंदर मुझे उतर जाने दो अभी

अपने एकांत की गुफा से जब लौटूँगा कभी
शायद प्रीतिकर लगूँ तुम्हें

शायद नहीं भी...।

संस्कृति-उद्योग

वह दिल्ली में है
पटना, वर्धा और गढ़मुक्तेश्वर में भी
वह है छपरा, हैदराबाद, दुर्ग और भिलाई में
जी हाँ वही है राजनादगाँव में
वह एक साथ है कोलकाता और मुंबई में
वह साहित्य में, संस्कृति में
कलाओं और फिल्म में
जहाँ-जहाँ कोई हो सकता है वह वहाँ-वहाँ है
और वह राजनीति में तो है ही दरअसल

वह पत्रकारिता में है, कवि है, कहानियाँ लिख रहा है
एक उपन्यास छप चुका है
महत्त्वपूर्ण आलोचक अपने समय का
रंगकर्मी, प्रखर एक्टिविस्ट
कुछ सीरियल भी उसके लिखे इधर आए
दर्जन भर सम्पादित किताबें
लगभग दो दर्जन पुरस्कार
उसकी जेब में कई विश्व हिंदी सम्मेलन
वह खुद लगभग अंतर्राष्ट्रीय

वह सम्पादक, कहीं अतिथि तो कहीं मुख्य और
सलाहकार तो लगभग हर जगह

हर अकादमी का मानद सदस्य
संस्कृति का मंत्रालय
खुद उसकी एक-दो अकादमियाँ
वह अखबारों में, पत्रिकाओं में, चर्चाओं और गोष्ठियों में

क्या तो नाम है उसका।

कीर्तन

कीर्तन में गनपत जी आए
आकर बिराज गए

कंठ से झर-झर गिरा था उनका मोतीचूर

विहँस रही थीं स्त्रियाँ
हँसी धौल-धप्पा

भोले भी बुलाए गए
उनकी भेस-भूषा पर ताने

सामने एक दुखियारिन
भाँग के नशे से बाहर आओ शंकर—खटखटाती हैं स्त्रियाँ

कृष्ण भी आए राधा के साथ

अकेले न आना बरजती हैं वे
दुःख-पीड़ा के बीच खिल-खिल
और धप्प-धप्प।

आरती में फिर एक बार बुलाहट

आना जी आना प्रभु
छोड़कर अपनी प्रभुताई...

ओ! धरती

(महाकवि जयशंकर प्रसाद के स्मरण में)

1.

त्रिकुटी को कुतरता है कीड़ा
हथेलियों से रेंगता हुआ धीरे-धीरे चढ़ आया है ऊपर
शिराओं से छोड़ता हुआ विष

चेहरे को ढँक लेती है कालिमा
पलकों पर लद गई हैं आँखें, उनके भार से काँपते हैं पैर

पृथ्वी की अँधेरी सुनसान रेत पर गिरती हैं रोशनियाँ उल्कापात की तरह

सुबह के स्वागत में एक भी हरी पत्ती नहीं
कहीं कोई बीज नहीं भविष्य का
अंकुरण के मुहाने धुएँ से अटे पड़े हैं।

2.

बोझिल पलकों पर टप-टप बजता है जल
जो जलकुम्भी के अंदर
बाहर के पानी से डरकर छिपा था

रेत पर जर्जर पीपल का एक पत्ता अपनी थकी शिराओं से पीता है उसे

उसके होंठ जरा हिले हैं

पत्ता खोजेगा अपने लिए एक टहनी
टहनी को चाहिए तना
मुझे लानी हैं गहरी धँसी हुई जड़ें

रेत से एक आवाज आई है कोंपल की
उसके रक्ताभ होंठों पर सूरज की उजली किरण है।

3.

मछलियाँ तट से उचक-उचक देखती हैं
पिघलते पहाड़ को
वह पूरा का पूरा समा जाएगा जल में

जल से जल तक की उसकी यात्रा में जल ही बचेगा
उस जल की अंजुरी से छलाँग लगाकर बाहर आ गई है वह रंगीन शल्क वाली मछली

जल का सूखा कण धीरे-धीरे आर्द्र होता है ऑक्सीजन से
मछली के गलफड़े हिलते हैं धीरे-धीरे

4.

धरती पर पहले बारिश की चिकनाहट है
उसने अपनी काया पर लपेट ली है बादलों की नजर
सूरज डूब रहा है उसके तारुण्य में

धवल बादल थोड़ा ओट होते ही
धरती की देह पर धारदार बरस रहे हैं
भिगोते हुए उसके उतुंग पहाड़

भर गए हैं उसकी घाटी में

हरे पत्तों से ढँक लेती है वह अपना अधखुला अंग

चंद्रमा सूरज की किरणों के जाल में घिरा
चाहकर भी अपने दाग नहीं छिपा पाता
अपनी चमक में खुद ही उसका गिरते जाना
धरती ने देखा है

5.

चंद्रमा परिश्रम से थकी पृथ्वी को
निर्वस्त्र कर देता है पूर्णिमा तक आते-आते
वह बादलों को पार करके उतर आया है
धरती के तन पर

6.

चंद्रमा के सपने के बाहर
सुबह की खिली हुई धूप में धरती सुनहरी है
पक्षियों का गान उसके कंठ के घाव को धीरे-धीरे भर रहे हैं
पशुओं के देह पर उग आए हैं रोम
हाथियों के दाँत बढ़ रहे हैं बेखौफ

बहुत दिनों के बाद लौटा है गिद्ध

कौए अपने काले पंख देखकर खुश हैं
अभ्यारण्य से बाहर शेर की दहाड़ से धरती खुश है

बंदरों के लिए कोई भी जगह निषिद्ध नहीं

मछलियाँ उछलती और गिर पड़ती हैं पानी में
उनके छपाक-छपाक के बीच कहीं कोई जाल या काँटा नहीं

चूजे अपनी पूरी उम्र पाने की उम्मीद में
इधर-उधर फुदक रहे हैं

धरती खिली, खुली, भरी-सी घूम रही है अपनी धुरी पर
सूरज और चाँद से एक निश्चित दूरी पर।

टाकीज

लम्बे अंतराल पर वहाँ जाना हुआ
कस्बे के बीच ढहती हुई इमारत में वह पुराना पर्दा रोशन था

स्त्रियाँ नहीं थीं दर्शकों में
बच्चे भी नहीं
कभी जहाँ सपरिवार जाने का चलन था
अब वहाँ कुछ बेख्याल नौजवान पहुँचते थे
कुछ एक रिक्शेवाले, खोमचेवाले
शायद कुछ मजदूर भी जिनके पास मनोरंजन का यही साधन बचा था
बालकनी के फटे गद्दे वाली सीटों पर बमुश्किल पाँच लोग मिले

टिकट-विंडों पर बैठनेवाला कभी रसूखदार लगता था आज दयनीय दिखा
टिकट चेक करनेवाले की हालत गिरी थी
पाँच लोगों में वह किसका टिकट चेक करता और उसे उसकी तयशुदा सीट पर बैठाता
सिनेमाघर के दरबान ने जब मुझे बालकनी की सीढ़ियों की ओर इशारा किया
वह झुका और टूटा हुआ लगा

मालिक बाहर बेंच पर बैठा ताश के पत्ते फेंट रहा था
बूढ़े हो चले हाथी के महावत की तरह
वह इमारत को देख लेता बीच-बीच में

कभी भी इसे कोल्ड स्टोरेज या शादी-घर में बदला जा सकता था

पीछे से रोशनी परदे पर पड़नी शुरू हुई
कभी यह पर्दा रात को सोने न देता था
रिक्शे पर नई फिल्म की पुकार
बरबस खींच ले जाती सिनेमाहाल की अगली सीट पर

इसी पर्दे से सीखता था कस्बा तनकर चलना
बोलता था चुस्त संवाद
और गुनगुनाता था दिलफरेब गाने
इसी से सीखती थीं बहनें नए फैशन के लिबास
भाई साहब ने इसी से लिया था इश्क करने का हौसला
और ले लिया था घर छोड़ने का फैसला

इंटरवल में वही चिरपरिचित घंटी बजी
मूँगफली बेचनेवाले बच्चे आए
समोसे और चायवालों ने भी आवाज लगाई पहले की ही तरह
जल रहा था एक पीला बल्ब उदास

टाकीज का रास्ता भटका हुआ रास्ता था तब
हर ऐब के पीछे इसे ढूँढ़ लिया जाता

फीकी रोशनी, फटी आवाजों और गिरती दीवारों के बीच बैठा
मैं नई फिल्म देख रहा हूँ
टाकीज अपनी जिद पर ऐसी फिल्में दिखा रहा है
जो उसके लिए बनी ही नहीं हैं

जैसे किसी कब्रिस्तान में बैठकर अपने किसी अजीज को
मैं 3 घंटे तक याद करता रहा।

पत्नी के लिए

वह आँच नहीं हमारे बीच
जो झुलसा देती है
वह आवेग भी नहीं जो कुछ और नहीं देखता
तुम्हारा प्रेम जलधार जैसा

तुम्हारा प्रेम बरसता है
और कमाल की जैसे खिली हो धूप

तुम्हारा घर
प्रेम के साथ-साथ थोड़ी दुनियावी जिम्मेदारियों से बना है
कभी आटे का खाली कनस्तर बज जाता है
तो कभी बिटिया के इम्तहान का रिपोर्ट कार्ड बाँचने बैठ जाती हो

तुम्हारे आँचल से कच्चे दूध की गंध आती है
तुम्हारे भरे स्तनों पर तुम्हारे शिशु के गुलाबी होंठ हैं
अगाध तृप्ति से भर गया है उसका चेहरा
मुझे देखता पाकर आँचल से उसे ढक लेती हो
और कहती हो नजर लग जाएगी
शायद तुमने पहचान लिया है मेरी ईर्ष्या को

बहुत कुछ देखते हुए भी नहीं देखती तुम
तुम्हारे सहेजने से है यह सहज

तुम्हारे प्रेम से ही हूँ इस लायक कि कर सकूँ प्रेम

कई बार तुम हो जाती हो अदृश्य जब
भटकता हूँ किसी और स्त्री की कामना में
हिंस्र पशुओं से भरे वन में

लौटकर जब आता हूँ तुम्हारे पास

तुम में ही मिलती है वह स्त्री
अचरज से भर उसके नाम से तुम्हें पुकारता हूँ

तुम विहँसती हो और कहती हो यह क्या नाम रखा तुमने मेरा।

अहिंसा

तुमने जो चुभोए थे काँटे
तुम्हें भी चुभे होंगे
जो फेंकोगे पत्थर
वे तुम पर ही गिरेंगे
और जब दब जाओगे अपने ही फेंके पत्थरों के बीच
लहूलुहान हो जाओगे काँटों की चुभन से

मैं ही निकालूँगा तुम्हें
तुम्हारे ही कीच और कपट से।

हर किसिम के हिंदी विरोधियों के समर्थन में

एक समय की बात है
एक थे भारतेन्दु
निज भाषा की उन्नति में कुछ करते थे
अब साम्प्रदायिक ठहरे

एक और थे महाशय
द्विवेदी
हजारी नहीं महावीरप्रसाद
बड़ा ताप था अपने समय में उनका
सरस्वती में हिंदी-व्याकरण के लिए बहुत कलह किया
और हिम्मत देखो कालिदास में गलतियाँ ढूँढ़ने लगे
मैथिलीशरण को खड़ा किया हिंदी में कविता लिखने के लिए
ये सब साम्राज्यवाद है
भाषायी

रामचन्द्र शुक्ल भी हैं—आलोचक
हिंदी पर एक इतिहास है इनका
सही मायने में पहला और अंतिम भी
पर जातिवादी हैं—
नहीं समझे
ब्राह्मणवादी

और जिस एक सज्जन का ऊपर जिक्र हुआ था
हजारीप्रसाद
उन्होंने तो मारा कबीर को बर्बाद कर डाला
हालाँकि अभी भी कबीर पर उन्हीं की किताब सबसे अच्छी है
पर उससे क्या
अनुकूलन किया कबीर का
भविष्य की राजनीति इसे ही तो कहते हैं

आपने प्रेमचंद का नाम तो सुना ही होगा
प्रेमचंद्र नहीं प्रेमचंद
स्कूल में कोई कहानी पढ़ी होगी—मंत्र, नमक का दारोगा, ईदगाह आदि
दलाल हैं वे सामंतों के
मुंशी टाइप

परसाद वरसाद
अज्ञेय वज्ञेय ये सब तो कलावादी थे पहले से ही ससुरे

हाँ निराला थे
अध-पागल थे
मांस-मदिरा के बिना काम ही नहीं चलता
सुनते हैं भरी दोपहरी में पत्थर तोड़ती स्त्रियों पर
घूम-घूमकर लार टपकाते थे

एक इनके मित्र थे रामविलास
बहुत लिखा है बंदे ने
कुछ छोड़ा ही नहीं है
साहित्य की प्रगतिशील परम्परा की नींव रखी
पर बुढ़ापे में लौट गए वहीं वेद-पुराणों में
प्रच्छन्न वर्ण-धर्म समर्थक

कहने को तो दो-चार जनकवि भी हैं हिंदी में

केदार, त्रिलोचन, नागार्जुन, शमशेर आदि
रूखे-सूखे जनपद के दुःख-सुख के कवि
पर क्या लिखते थे वे ही जाने
न कोई छंद न लय न कशीदाकारी

मुक्तिबोध को भूला नहीं हूँ मैं
पीते थे बीड़ी और खाते थे रेलवे स्टेशन की पूड़ी
ये कोई स्टैंडर्ड है
लिख दिया 'अँधेरे में'
पढ़ लो तो रात भर नींद न आए
अरे कुछ ऐसा लिखते कि दिन भर का थका आदमी
सब कुछ भूल-भाल मीठी नींद सो जाए

हिंदी के सबसे लोकप्रिय कवि हैं—केदारनाथ सिंह
पर उनसे ज्यादा तो शंकर शर्मा 'अशेष' को लोग जानते हैं
मेरे ही मोहल्ले में रहते हैं
और कवि सम्मेलन गाने दूर-दूर तक जाते हैं
सुना है उनके एक दो गीत फिल्म में भी लगने वाले हैं

कुछ मार्क्सवादी भी हैं—नामवर सिंह, मैनेजर पाण्डेय आदि
हालाँकि बात लॉजिक की करतें हैं और पढ़े लिखे भी बहुत हैं
पर हमेशा जन-जन किया करते हैं
कब का ढह गया सोवियत संघ
कौन पूछता है मार्क्स लेनिन को जी! आजकल

एक आध-उत्तर आधुनिक भी हैं
कभी-कभार पाठ-कुपाठ कर लेते हैं
कुछ मंच और मचान भी हैं
कभी-कभी मजमा भी लगता है

इधर विमर्श बहुत हुआ है हिंदी में

दलित, स्त्री और आदिवासी और न जाने क्या-क्या

दलित लेखन में देह नहीं है
और स्त्री लेखन में इसके सिवा कुछ नहीं है
और जो जहाँ नहीं उसे वहीं खोजो
और फिर कह दो देखो यह तो है ही नहीं

और हाँ साहित्य-साहित्य है
इसे क्यों बाँट रहे हो भइया
भले ही समाज बँटा हो जाति और लिंग में
कम से कम इसे तो न बाँटो
हँसी ठठा के लिए कुछ पढ़ने बैठो
तो शोषण, उत्पीड़न गाने लगते हैं

इसीलिए तो कोई पढ़ता नहीं
अंग्रेजी वालों को देखो
कितना मीठा-मीठा लिखते हैं बिलकुल एन.आर.आई. टाइप
और आप हैं ससुर वही गाँव गलीच के जमाने में रुके हुए हैं

और अब क्या बचा
हाँ कुछ लौंड़े लपाड़े हैं
कविता कहानी खेलते रहते हैं

पर बॉस पुरस्कार बहुत हैं हिंदी में
कुछ तो जितनी उम्र नहीं है उतना पा चुके हैं
देखिए जुगाड़ कहाँ नहीं चलता

और हिंदी
वह तो कोई भाषा ही नहीं है

उर्दू की एक शैली है

इसे तो साहब गढ़ा गया
यहाँ तो लोग भले ही तेल बेचते हों पर बोलते थे फारसी

इसे राष्ट्र-भाषा नहीं राज-भाषा बनाया गया है
मतलब कि राज में इस भाषा को रखो या न रखो

है क्या इसमें
न ज्ञान न विज्ञान
और सुनो यह सब पराई भाषा में ही ठीक रहता है
सब जान लेंगे तो फिर क्या ज्ञान क्या विज्ञान
सिस्टम के लिए ससुरे समस्या ही पैदा करेंगे

अब तो बाजार है
बाजार के लिए जब बोलते हैं अंग्रेजी
नाते रिश्तेदार सहम जाते हैं
थोड़ा स्टेटस सिम्बल तो बनता ही है
हिंदी मीडियम वालों के साथ कई दिक्कतें हैं
ससुरे सोचते बहुत हैं

और हिंदी दिवस तो है ही एक चीज
हिंदी डे
संसार की तीसरी सबसे बड़ी भाषा को उस दिन
लोग चुटकले, लतीफे और पहेलियाँ वगैरह सुनाते हैं

अब हिंदी का रोना मेरे सामने मत गाओ
हिंदी, हिंदू और हिंदुस्तान के गवैये
कूढ़मगज कहीं के

साम्प्रदायिक
स्त्री और दलित और आदिवासी और आदि-आदि के विरोधी
हिंदी साम्राज्यवाद के टुच्चे

भाड़ में जाए विश्व की तीसरी सबसे बड़ी भाषा
भाड़ में जाए नंगे, भूखे नरकंकाल।

हँसी के लिए प्रार्थना

जीवन के जंगल, रेत, पहाड़ में
कलकल सुने हम हँसी की नदी का

हँसी की चमक में
धुल जाए मन का कसैलापन
हो जाए आत्मा उज्ज्वल

यह हँसी निर्बल, निर्धन, निरीह पर न गिरे
न इसके छींटे छींटाकशी करें जो रह गए हैं पीछे
थककर बैठ गए हैं कभी पथ में
उतर गए हैं कहीं अपने में ही नीचे

बह जाए रोजाना के कीच, कपट
निर्बंध, निर्द्वंद्व, निष्कलुष यह हँसी
जोड़े नदी के निर्जन द्वीपों को
सरस, सहज, सहयोगी हम

स्वाद हो ऐसा इस हँसी का
जो भूखे, दुखों को भी रुचे।

मठ

मठ पुराना था पर प्राचीन नहीं
आलस्य और जड़ता ने
संत के विचारों को बदल दिया था ठस दिनचर्या में
संसार से कटे पर सांसारिकता में लिप्त साधू
सुबह शाम कुछ पदों को बाँचते थे

गगन गुफा से अब नहीं झरता था निर्झर
निनाद में अनहद नाद कौन सुनता?
आरती में जलता था दीया
पर उसमें उन महान संस्कृतियों के मिलन से
पैदा हुई वह चमक अब न थी
शब्द-भेद को बूझने वाला कोई न था
मद्धिम थी ब्रहम ज्ञान की लौ
घंटी के शोर में दब गए थे कबीर, पलटू, दादू के पद

महंत के संदूक में आदि संत की वाणी की हस्तलिखित प्रतियाँ थीं
जिन्हें वह बार-बार गंगा में प्रवाहित करने की बात कहता था
उसे अब बुरी लगने लगी थी
आदि संत की टोका-टोकी
वाणी का विवेक विचलित करता था

हाट में बैठी माया के फंदे में आ गया था यह पुराना मठ

हँसा उड़ चला था और
हृदय का दर्पण धुँधला पड़ गया था
विकट पंथ पर अब न दरकार थी
घट के ज्योति की

वर्ष के किसी दिन लगता था मेला
मठ के परम्परागत शिष्य, सामाजिक जुटते

महंत माया में जल रहे संसार की बात करता
कनक, कामिनी से बचने की सलाह देता
शब्द भेद की चर्चा करता और
शून्य शिखर की ओर इशारे करता

लोग सुनते कि मठ के पास इतने बीघा जमीन है
इस बार ले लिए गए हैं दो ट्रैक्टर
और महंत को मिल ही गया अन्ततः रिवाल्वर का लाइसेंस।

नश्वर

पथ के सराय में छूट गईं स्मृतियाँ
प्रतीक्षा नहीं करतीं

स्मृतियों के कक्ष में जब कभी हम लौटते हैं
दबे पाँव
आईने पर धूल मिलती है
अपना ही चेहरा अपरिचित लगता है

दृश्य में अदृश्य सा कुछ उलझ जाता है
समय है शायद
कुतरता हुआ पुष्प को
अंतहीन भँवर में घुलते जाते हैं
रूप, स्पर्श, रस, गंध, ध्वनि
धुंध के पीछे बजते राग का भी
रंग पड़ जाता है फीका

शिला पर हस्ताक्षर
शिला के हस्ताक्षर हैं।

पत्थर

सूरज अपना कार्य कर रहा था
और मैं अपना
दोपहर की राह पर
मैं खोज रहा था वह पत्थर
जिसे कभी निराला ने टूटते हुए देखा था
और देखी थी पत्थर तोड़ती हुई उस औरत की कातरता

वह पत्थर अब भी पड़ा है रास्ते पर
जिसे हटाता कोई और है

नई सभ्यता की राह का वह पुराना रोड़ा
अक्सर आ ही जाता है
हल्कू की थाली में
जिसे हटाए बिना नहीं उठाया जा सकता है
कौर
और कौर उठे तो उठे हथौड़ा

झबरे की आँखों में पूस की रात है
हल्कू आग में रख देता है पत्थर

तपकर फट गए लिट्टी से झाँकता है

गर्म आटा

कम से कम अब इसमें तो
रेत न किरकिराए।

तुम अब

तुम्हारे साथ कोई तुम सा याद आता है
तुम्हारी हँसी में वही परिचित से फूल

प्रारम्भ से ही अंत की आहट
तुम्हारी खुशी में उस खुशी के मुरझाए हुए दुःख

इस अपनेपन में मुझे दिखती है
बेगानेपन की वह पगडंडी
दलदल के ऊपर कुहरे से ढकी हुई

इस प्रेम में
प्रेम के ध्वंस की उदासियाँ

पार करता हूँ वह नदी,वही नदी
तट का बालू हमारे बीच
उसके नाम से बुला बैठता हूँ तुम्हें

इस प्रेम में उस प्रेम की शुरुआत।

पर्यायवाची

गुलमोहर आज लाल होकर दहक रहा है
उसके पत्तों में तुम्हारे निर्वस्त्र देह की आग
मेरे अंदर जल उठी है

उसके कुछ मुरझाए फूल नीचे गिरे हैं
उसमें सुवास है तुम्हारी
मुझे प्रतीक्षा की जलती दोपहर में सुलगाती हुई

यह गुलमोहर आज मेरे मन में खिला है
आओ कि आज हम दोनों एक साथ दहक उठे
कि भीग उठे एक साथ कि एक साथ उठे और
फिर गिर जाएँ साथ-साथ

मेरी हथेली पर तुम्हारे नाम से निकलकर एक अक्षर आ बैठा है
और तबसे वह जिद में है कि पूरा करूँ तुम्हारा नाम

शेष तो तुम्हारे होंठों से झरेंगे
जब आवाज दोगी अपने होंठों से मुझे मेरी पीठ पर

उन्हें ढूँढ़ता हूँ तुम्हारे मुलायम पहाड़ों के आस-पास
वहाँ मेरे होंठों के उदग्र निशान तुम्हें मिलेंगे
तुम्हारे नाभि कुंड से उनकी तेज गंध आ रही है

मैं कहाँ ढूँढ़ू उन्हें जब कि मैं ही अब
मैं नहीं रहा

तुम्हारे नाम के बीच एक-एक करके रखूँ अपने नाम का एक-एक अक्षर

कि जब आवाज दे कोई तुम्हें
मेरा नाम तुम्हें जगा दे कि उठो कोई पुकार रहा है
अगर कहीं गिरो तो गिरने से पहले बन जाएँ टेक
और अगर कहीं घिरो तो पाओ उसे एक मजबूत लाठी की तरह अपने पास
कि अपने अकलेपन में उन्हें सुन सको
कि जब उड़ो ऊँचे आकाश में वह काट दे डोर काटने वालों की

वैसे दोनों मिलकर पर्यायवाची हो जाएँ तो भी
चलेगा
अर्थ के बराबर सामर्थ्य वाले दो शब्द
एक साथ।

चाँद, पानी और सीता

स्त्रियाँ अर्घ्य दे रही हैं चंद्रमा को

पृथ्वी ने चंद्रमा को स्त्रियों के हाथों जल भेजा है

कि नर्म मुलायम रहे उसकी मिट्टी
कि उसके अमावस में भी पूर्णिमा का अंकुरण होता रहे

लोटे से धीरे-धीरे गिरते जल से होकर आ रही हैं चंद्रमा की किरणें
जल छू रहा है उजाले को
उजाला जल से बाहर आकर कुछ और ही हो गया है
बीज भी तो धरती से खिलकर कुछ और हो जाता है

घुटनों तक जल में डूबी स्त्रियों को
धान रोपते हुए, भविष्य उगाते हुए सूर्य देखता है
देखता है चंद्रमा
स्त्रियाँ सूरज को भी देती हैं जल, जल में बैठकर
कि हर रात के बाद वह लौटे अपने प्रकाश के साथ

धरती पर पौधे को पहला जल किसी स्त्री ने ही दिया होगा
तभी तो अभी भी हरी भरी है पृथ्वी
स्त्रियाँ पृथ्वी हैं
रत्न की तरह नहीं निकलीं वे

न ही थीं किसी मटके में जनक के लिए

अगर और लज्जित करोगे
लौट जाएँगी अपने घर

हे राम!
क्या करोगे तब...

ओह! मेरे देश

ओह! मेरे देश
पुकारता मैं तुझे

आवाज भर शोले आवाज भर चीखें आवाज भर कातरता
कि ढलान से फिसलती मेरी आवाज तुम तक पहुँच जाए
कि तुम्हारे तलघर में मेरी आवाज दफ्न न हो जाए
कि तुम्हारे शिखरों से गिरती अश्लीलता में डूब न जाए मेरी पुकार
कि तुम्हारी हिंसा की पथरीली चमक में धुँधला न जाए मेरी आँखों की मद्धिम सी रोशनी
कि तुम्हारे फेंके गए टुकड़े के पीछे कहीं मैं बुझ न जाऊँ

ओह! मेरे देश
पुकारता मैं तुझे

कि तुम्हारे मलबे के नीचे दब गई है यह शस्य श्यामला धरती
कि तुम्हारी ताकत मेरी बहनों के खिलाफ है
कि तुम्हें गर्म खून चाहिए मेरे भाइयों का
तुम्हें मांस चाहिए हमारे घरों से, तुम्हें हमारा मुलायम मांस चाहिए
हमारा श्रम हमारी उपज और हमारा खनिज तो तुम कब से ले रहे हो
अब तो तुम्हें हमारी ऊँची गर्दन चाहिए
हमारी तनी रीढ़
हमारी युवा त्वचा चाहिए

तुम्हें हमारी सबसे खूबसूरत औरतें चाहिए हमारे सबसे जहीन लड़के
तुमने ले लिया है हमारी नदियों का नमक
हमारी फसलों का गेहूँ चावल दालें चीनी
हमारी सब्जियाँ हमारे फल तक हमारे न रहे

ओह! मेरे देश चीखता मैं तुम्हारे कानों में
क्या अब इस धरती पर जो निर्दोष हैं
उनकी कोई जगह नहीं रही
जो कुछ भी कोमल सुंदर बचा है उस पर तुम्हारी बर्बरता इसी तरह गिरेगी

ओह! मेरे एक अरब बीस करोड़
मैं तुम्हें ही पुकार रहा हूँ।

●●●